In Giardino

col Maestro

Insegnamenti dal Figlio dell'Amore
A Marco e ai Discepoli

Marco Rosano

Pubblicato nell'anno 2011
© Tutti i diritti letterari di quest'opera sono di esclusiva proprietà dell'autore
ISBN 978-1-4477-4363-7

Prefazione

A te fratello che inizi a leggere, va il nostro abbraccio e il benvenuto nella Luce che questo umile libretto intende donarti fraternamente, senza pretese, ma solo come un piccolo aiuto da fratello a fratello.

Leggilo con gli occhi dell'Anima, senti gli insegnamenti col cuore, perché al tuo cuore e alla tua Anima vuole arrivare Colui che parla sulla strada che porta ogni viandante alla casa del Padre. Egli è li che ti attende, allarga le sue braccia per un abbraccio di Amore, di Vita, di Luce a chi sinceramente lo chiama e lo cerca.

Chiamalo col cuore puro e sincero e Lui verrà a te, offrigli il tuo cuore e Lui ne farà la sua casa.

Mai come ora gli esseri di Luce sono tanto vicini all'Umanità e questo è un periodo di grandi opportunità, ma anche di dolore e sofferenza.

Strappiamo dai nostri occhi il paraocchi spirituale che le varie religioni ci hanno imposto, propinandoci per secoli dogmi e Verità manipolate per uso e consumo di personale potere sul fratello, soggiogandolo alla paura di un Dio vendicatore che, per pochi anni di vita, un battito di ciglia rispetto all'eternità, lo condanna a sofferenze fino alla fine dei tempi.

Il Padre nostro è AMORE, LUCE E VITA e questo il nostro grande fratello il Cristo ci ha mostrato con la Sua vita e le Sue parole di Verità, quel Cristo di cui ci hanno imposto l'immagine morente e sofferente sulla Croce.

Egli è il Cristo che vive con tutta l'Umanità che mai ha lasciato e mai lascerà finchè l'ultimo pellegrino non giungerà alla Casa del Padre.

Portiamo nei nostri cuori, nelle nostre parole e nelle nostre azioni l'immagine del Cristo vivente che attende solo che apriamo a Lui la porta del nostro cuore, perché solo se chiamato dall'Amore, con umiltà e purezza di intenti e di pensiero Egli ne fa la sua casa.

Siano le parole di questo piccolo libricino cibo per l'Anima, Vita Divina che scorre in chi lo legge, Luce che illumina il suo cammino, Amore che tutte le porte apre specie quella della Casa del Padre.

Sia con te, fratello, la Pace del Padre, l'Amore del Figlio e l'Intelletto dello Spirito Santo.

Ti doni il Padre, fratello, la Divina Serenità.

Così sia.

Pensieri

Che l'uomo impari a conoscere l'**AMORE**
l'**ESSENZA** di **DIO NOSTRO SIGNORE**
che tutto avvolge e tutto tiene in **Luce**.
Venite gente e la voce ascoltate di Colui che dei re è il Re.
Lasciate pure al pascolo il vostro gregge
E verso di **LUI** lo sguardo alzate
Vedrete la Sua Luce e il tutto sembrerà sereno
la mente e il cuore **LUI** vi apre e come scrigni vi riempie
del Suo sapere e della Sua bontà.
Alzatevi e svegliate il vostro io e verso di LUI come calice alzate
e LUI vi prenderà come bambini a stringervi al Suo petto,
di Padre e madre insieme allattando col SUO Amore il vostro cuore:
Gioite gente l'ora e giunta e LUI si manifesta
Aprite il vostro cuore e LUI ne farà scrigno del Suo Amore
Cosi che niente più vi tocchi, non l'amara sofferenza,
Ma gioia di servire il SUO volere che per voi sarà il più gran piacere
Immergervi nella Sua Luce e uscirne rinnovati e ricchi
Di amore verso DIO e verso i vostri pari.
Luce donate e Luce avrete praticando la Divina Conoscenza
Che tutto alza verso la Sua Divina Onnipotenza.
Beato EGLI sia sempre in eterno
Che l'Anima sovente a LUI rivolga il suo pensiero
E grande avrà il suo premio che l'umana mente non conosce.
"Venite figli miei "EGLI vi chiama
Con tutto l'Amore che LUI ha
Degni siate di cotanto PADRE
Cantando le Sue lodi all'infinito.

Questi Pensieri mi giunsero nel periodo più buio della mia vita
e aprirono la strada verso la consapevolezza del mio essere.

Capitolo Primo

Esisteva una volta ed esiste tutt'ora nella casa del Padre, un regno, un paese delle anime, da dove sono partite e partono in gruppo le anime. Lasciano così la casa del Padre per fare esperienza nella materia e nei tre mondi e divenire degne di abitare in quel regno.

Con un gruppo di anime partii anch'io, così lasciai quella casa e venni ad abitare sulla terra. Incontrando molte difficoltà, tra le varie esperienze la mia coscienza si svegliava e sempre più forte sentivo il richiamo della casa del Padre, ma non lo riconoscevo.

Mi appassionavo a qualcosa di effimero che poi perdevo, mentre la consapevolezza di quel richiamo diveniva sempre più forte in me.

Una notte mentre ero nel dormiveglia, ma cosciente di tutto, sentii una voce che mi chiamò dicendo: *"alzati, svegliati e scrivi."*

Non vidi bene chi era ma emanava molta Luce e tanto Amore, sentivo nel mio intimo che era un alta Entità, chiesi: "puoi darmi energia?"

Rispose: *"Tu ricevi l'energia che ti serve per induzione, il cuore è la casa di Dio, la gola è la porta della casa, il centro tra gli occhi la strada e il prolungamento passa per il centro della testa e da lì sale al Cielo. Triangola questi punti di Luce, ti sono accanto."*

Il giorno dopo i miei occhi si posero su un libro che avevo acquistato, un libro antico, iniziai a leggerlo.

Vi trovai scritto che un Maestro di Luce abitava in una terra chiamata " la strada per il Regno Sacro", il luogo dove ognuno incontra la parte divina che in lui giace addormentata, ma che comincia a svegliarsi dopo tanto dolore e sofferenza. Avevo letto che lungo quella strada molti pellegrini camminano e si incontrano altri fratelli che hanno raggiunto livelli di Luce superiore conosciuti col nome di Maestri e che solo in quella strada della Luce si trova l'aiuto di cui ognuno di noi necessita.

Decisi dunque di iniziare questo viaggio per tornare in quella casa da dove migliaia di anni fa partii per soddisfare la mia esperienza materiale e per essere degno di abitare in quel regno.

Incontravo molte persone, in tanti percorrevano la via.

Alcuni si fermavano ad ascoltare i viandanti perdendo di vista così la strada, altri trovavano la via irta, difficoltosa e colma di ostacoli e allora tornavano indietro.

Alcuni si fermavano e si compiacevano del viaggio che fino a lì li aveva portati, in questo compiacersi, compiacevano la loro personalità e con superiorità guardavano i fratelli che arrancavano tra difficoltà e dolore.

V'erano millantatori ovunque, come mercanti mostravano la loro offerta di Luce e di potere, vendevano ai pellegrini amuleti, spacciandoli per oggetti sacri che avrebbero appianato loro la strada e ogni tipo di tecnica per velocizzare il cammino.

Alcuni vendevano mappe con sopra segnate delle scorciatoie, che i pellegrini ignari percorrevano, cadendo così nel baratro dell'ignoranza e delle tenebre.

Vi erano anche coloro che si proclamavano guide, facendo proseliti tra i fratelli che di loro si fidavano, abbagliandoli con trucchi subdoli, mischiando Verità e menzogne, Luce ed ombra.

Mentre camminavo, restavo attonito nel guardare quello che attorno a me accadeva, cercavo di dire ai pellegrini "cosa fate?" "dove guardate?" "non lasciatevi prendere in giro dal gioco di questi illusionisti", ma venivo deriso e cacciato via.

Una sera feci un sogno, sognai che sulla via incontravo delle persone, un uomo mi porgeva dei fogli dicendo: " Questi fogli provengono dai Maestri della Luce, te ne faccio dono, leggili."

Presi i fogli in mano, ma subito dopo sentii di gettarli a terra e dissi: "No!" L'uomo insisteva, mentre io continuavo a dirgli di no.

Mi svegliai per interrompere il sogno, ma appena mi riaddormentai ripresi il sogno e più mi rifiutavo di leggere quei fogli più l'uomo si arrabbiava. Mi svegliai e mi riaddormentai per cinque volte, fino a che alla fine riuscii a dormire serenamente.

Al mattino quando ripresi il cammino, quel sogno ancora balenava nella mia mente, mentre pensavo a quanto era triste viaggiare in solitudine, i vari compagni che incontravo poi li perdevo di vista.

Quel giorno però, mentre ormai ero certo che da solo dovevo percorrere la Via, ecco lì a riposare una ragazza che come me aveva intrapreso il cammino di ritorno verso il Regno.

Cominciammo a camminare insieme comunicandoci le esperienze che avevamo vissuto, dividendo il pane e le speranze che in noi erano racchiuse.

In una giornata di sole, mentre camminavamo, vedemmo un uomo seduto su una pietra, sembrava stesse dormendo, ma quando fummo davanti a lui ci accorgemmo che aveva gli occhi aperti, ma era come se non ci vedesse, era in meditazione. Ci soffermammo un istante, ma per non disturbarlo proseguimmo, pensai, che peccato, se avesse avuto tempo mi sarebbe piaciuto parlare con lui.

Subito dopo che ebbi pensato queste cose, Marianna, la sorella al mio fianco disse:

"Nella mia dimensione il tempo non esiste, e qui per voi io sono" e continuò: "Marco è come se sentissi la voce di quell'uomo nella mia mente è stato lui a parlare non io, io ho solo riportato le sue parole.

Tornammo indietro e ci sedemmo al suo fianco, la sorella sentiva telepaticamente i pensieri e cominciò a parlare comunicandomeli:

"La curva che compone l'arcobaleno è l'insieme dei colori del Cosmo, attraverso di esso conoscerete la Via, la Vera Via, quella della Vita. Se il discepolo chiederà in Verità, umiltà e semplicità tutto verrà a lui concesso perché parte di Me per mio volere egli è.

Accettato tu sei dalla Gerarchia che ti ama e ti protegge, raggio luminoso sceso sulla terra per Volontà Divina. Anela alla perfezione ed essa ti raggiungerà, anela all'Amore Supremo ed esso ti invaderà. Segui la strada che già è stata tracciata, ma ricorda che non tutto ha un nome preciso, molti sono i nomi che dovrai imparare perché molte cose formano l'Uno.

Il sudore è Amore, la fatica è Gioia, la ricompensa è la Luce."

Chiesi allora: " Come possiamo chiamarti nel bisogno?"

Sempre attraverso la sorella rispose:

"Tu sei parte di Me per mio volere, Io sono con te sempre e se hai bisogno ascolta dentro di te, Io ti risponderò figlio mio e discepolo della Gerarchia".

Domandai: " Siamo allora discepoli accettati?"

Rispose: *"Già lo foste prima di venire sulla terra solo, dovevate riscoprirlo in voi."*

Continuai: "Eri tu che nel dormiveglia mi parlasti del triangolo di Luce? Tu che hai sollecitato gli scritti per svegliarmi?" " Hai un nome con cui possiamo chiamarti Maestro e fratello?"
Disse:
"Alzati, svegliati ti dissi, ma tu non comprendesti, per paura forse. Il sigillo è impresso in te, ma io mai cercai di svegliarti figlio mio, qualcuno con la forza cercò di parlare a mio nome nelle tue notti, ma nulla può nuocerti e ora esso tra i suoi simili è stato relegato.

Io venni da te con la dolcezza di un Padre, ti sussurrai la conoscenza, mai ti chiesi con la forza di fare qualcosa e mai lo farò. In te grandi doni si celano, la scrittura è uno di essi. Il triangolo di Luce è la via della conoscenza spirituale, ma non deve essere messo all'incontrario.

Chiamami come vuoi, un tuo fratello in Sion, sono un tuo fratello della Gerarchia, io ti dissi di scrivere non di leggere."

Domandai ancora: " Rifiutai di leggere per cinque volte, perché volevano che leggessi quegli scritti?"

Rispose: *"Vili uomini contaminati dal potere, volevano forzare un protetto della Luce, ma alla prova tu rispondesti di no, la superasti, quegli scritti avrebbero potuto contaminare il tuo essere perché figlio della Luce tu sei e la battaglia è iniziata. Cercheranno di mietere più anime possibili per vincere, ma non temere, nessuno potrà toccarti perché protetto dal Padre tu sei."*

Dissi: " Ho promesso fedeltà, tu puoi leggere nel mio cuore"

Ed egli: *" Lo facesti ancora prima di venire sulla terra, la tua fedeltà qua è solo la riconferma di ciò che scegliesti prima. Uno di noi tu sei, liberato sei oramai per volare nella valle dove noi ti aspetteremo quando il tempo verrà e il tuo servizio non sarà finito, ma prenderà un'altra forma.*

Vai in Pace e resta in Pace con te Io, Noi siamo, fratelli della Luce che benedetto ti ha, Pace luminoso discepolo."

Risposi: " Pace a tutta l'Umanità"

La sorella ancora riportò la sua risposta:
" Nell'interezza dell'Invocazione ".

Chiudemmo gli occhi e chinammo il capo, appena li riaprimmo egli non c'era più.
Eravamo sconcertati da quello che era appena avvenuto, com'era possibile? Cosa era avvenuto?
Io e Marianna ci alzammo e proseguimmo il cammino. Per tutto il giorno parlammo di quell'avvenimento, cercando di dare risposte ai nostri dubbi, ma più ne parlavamo più non ne venivamo a capo.
Scese la notte, ci coricammo e dormimmo.

La mattina seguente ci svegliammo di buon'ora, dopo una breve colazione ripartimmo.
Continuavo a pensare a quello che era avvenuto il giorno prima, avevo bisogno di prove, di conferme, e come me anche Marianna voleva comprendere.
Mi fermai e le dissi: " Sediamoci, prova a metterti in contatto con Lui".
Marianna rispose affermativamente e si sedette.

Le dissi: " Prova a concentrarti su un cerchio di colore blu elettrico e al centro di esso la figura luminosa di un Maestro, una strada d'oro che ti porta a Lui e chiedi se ci ascolta, se può parlare con noi donandoci degli insegnamenti."

Marianna rispose: " Lo vedo, allarga le braccia e pronuncia queste parole:
" *Il raggio del cerchio è divisibile per metà dal quadrato, se in una spirale di Luce guardi il moto ondulatorio della stessa, capisci cosa essa racchiude nell'umano essere, riesci a comprenderlo.*
Il simbolo è un cerchio con ……, è l'immagine della vostra creazione.
Ancora una volta non capiranno, non vorranno capire, ma se voi questo simbolo userete e comprenderete, riuscirete a comprendere i bisogni di evoluzione dei fratelli e attraverso di esso potrete far comprendere loro la via. Entrate con me nel cerchio"

Marianna continuò:
"Ci stiamo prendendo per mano, lo senti Marco?"
Io risposi: " Si".
Marianna riprese: " Ora attorno a noi c'è tanto verde, e dinnanzi a noi delle montagne molto alte e innevate".
Chiesi: " Sono le montagne del Tibet dove hai vissuto?"

Rispose : *"Io sono dappertutto e in nessun luogo, perché parte del Tutto, ma qui l'energia è molto forte, è una porta per il cielo."*

Dissi: " Fratello luminoso, come possiamo svolgere il nostro servizio all'Umanità, alla Gerarchia?"

Rispose: *"Nell'umiltà del servizio, nella grandezza dell'Amore che non appartiene all'umano, nella comprensione degli uomini, nel perdono degli uomini."*

Ribattei: "Ma se loro ascoltano solo le loro personalità cosa possiamo fare?"

Disse: *"Il simbolo vi ho dato ora e spiegato."*

Dissi: " Quel simbolo è per noi qui ora o per tutti gli uomini?"

Rispose: " *Quel simbolo è per chi ha deciso di seguire la Luce come voi e ora è per voi, gli stolti non capirebbero anche se a loro lo spiegherete, mi riferisco agli stolti dell'Anima.*"

Domandai: " Fratello, quando un sogno è un messaggio all'Anima o dell'Anima? In un sogno mi si chiedeva che armatura volessi, io scelsi la più luminosa che significato ha?"

Disse: " *Essi sono la stessa cosa perché l'Anima è parte del Divino, l'armatura è quello che tu hai scelto, quello che le altre anime devono vedere nella tua, è la tua Essenza e tu hai scelto il tuo cammino per divenire l'Essenza che sei."*

Risposi: Ma dovevo affrontare qualcuno, combattere.

Rispose: *"Te stesso, l'altro te"*.

Io: Il mio guardiano della soglia?

Maestro" *La parte oscura che in te giace latente perchè tu sei anche umano, la parte che appartiene al dio minore, il guardiano della soglia può essere interpretato in tante maniere".*

Chiesi: La personalità è la parte materiale appunto.

Rispose sempre attraverso Marianna:
" *Esso lo è, ma è anche colui che ti indica la via da seguire per entrare e combatterlo e nessuno lo conosce meglio di te, la Via da seguire inevitabilmente porta a lui".*

Chiesi: Ci è lecito conoscere il raggio dell'Anima, della personalità ecc?

Continuò: *Quando avete sete vostro Padre vi dà da bere, quando avete fame Lui vi sfama, quando sete di conoscenza rivolta alla Luce avete esso vi inonda con il vento dello Spirito. I raggi dell'Anima partono dallo schema del simbolo, ciclico è il loro avanzamento, l'arcobaleno, è il testimone".*

Quindi esperienza in tutti i Raggi fino al completo giro di ritorno, dissi.

Egli:" *Esperienza nel ciclo interno ed esterno, ma ricorda, l'esterno è un riflesso dell'interno, quando tu sei in un ciclo interno sei anche in un ciclo esterno, ciò che è dentro è anche fuori, è il pensiero e l'uomo ancora deve imparare ad usare, l'albero è il riflesso dello schema dell'interno con l'esterno, fu dato agli antichi Padri della terra, lo Spirito tornerà nel Padre".*

Marco: Benedetto sarà quel giorno al quale aspiriamo io e Marianna. Come dobbiamo intendere quelle forze esterne che vogliono operare in noi, pulire o accendere i chacra.

Sempre attraverso Marianna rispose:

" *Le forze esterne voi sapete riconoscerle, ognuno di voi percepisce se superiori o di natura inferiore, i chacra sono già funzionanti.*

La pulizia degli stessi avviene con il passaggio dei cicli, le scorie vengono buttate fuori ed espulse dal dolore che provate per il superamento di un ciclo".

Marco. Sulla meditazione cosa puoi dirci?

Maestro. " *La natura fratello, osservala, medita su di essa, respira con gli alberi, librati in cielo con gli uccelli, fatti portare dal vento, nuota con i pesci, comprendendo loro comprenderai la Vita, a questo serve la meditazione, comprendere per divenire.*
Io vi benedico germogli dell'Amore piantati nella terra, perchè la vostra pianta sta crescendo, sia essa riparo e ristoro per gli onesti cercatori".

Risposi: Noi ti ringraziamo per il tuo Amore e Servizio a noi e alla Umanità e che Luce, Amore e Potere ristabiliscano il Piano sulla Terra.

" *Così sia fratello, nell'abbraccio del Divino in noi."Rispose.*

" Marco non lo sento più", disse Marianna.

Restammo in silenzio mentre gioia e serenità ci avvolgeva.
Entrambi avevamo la stessa sensazione di un abbraccio di Amore mai provato fino a quel momento, una corrente di energia amorosa che dolcemente prendeva i nostri cuori e le nostre Anime fondendole quasi con la fonte di quell'Amore.
Camminavamo in silenzio io e la sorella che a me si accompagnava. Ognuno rimuginava per proprio conto sulle parole che ci erano giunte. I dubbi erano tanti.
Ciò che accadeva era forse un prodotto della mente di Marianna?
Ma lei non conosceva certe cose e non era quello il suo modo di esprimersi. Poi la prima volta aveva risposto a mie domande fatte telepaticamente e Marianna non poteva conoscerle.
Avevamo forse incontrato un Maestro? Quale era il suo nome? Perché veniva a parlare con noi?

Con queste domande a cui non sapevamo dare risposta ci preparammo per la notte.

La mattina successiva riprendemmo il cammino e dopo un pò ci fermammo a riposare e bere un sorso d'acqua da un ruscello che scorreva vicino.

Avevo letto di una tecnica di visualizzazione in un libro del Maestro Djuwall Kool conosciuto col nome di "Tibetano" e dicevo a Marianna di cercare di visualizzare una stanza in cui penetrava un raggio di Luce e cercasse di vedere qualcosa.

Marianna mi interrompe e dice:
" Marco mentre dicevi di visualizzare la stanza, mi è venuta una immagine e sulla finestra di sinistra ho visto le stelle e la notte, su quella di destra il sole e su quella centrale una specie di angelo che entrava da quella finestra".

Bella immagine e hai avvertito energia? Dissi a lei.

Marianna "Forza e Pace".

Io: "Gioia?"

Marianna:" Serenità, è stata una frazione di secondo, ma ancora lo vedo; non so se sbaglio, ma credo ti sia vicino."

Io:" Chi?"

" Il fratello, sento la sua energia. Non so Marco. Ora l'immagine è che la figura che è entrata volando dalla finestra centrale mi ha preso e mi fa volare con lui".

"Molto bello", risposi.

Marianna continuò: Prima danziamo in aria e poi mi porta fuori sempre dalla stessa finestra.

"Cosa vedi o ti mostra" chiesi.

Marianna: " Sono commossa... rado l'erba verde, c'è un albero e una chiesetta, tipo quelle di montagna piccola e bianca volteggiamo tre volte sulla chiesetta facciamo evoluzioni di ogni genere".

"Chiedigli perchè quella chiesetta" dissi.

"Aspetta mi sta parlando, siamo di nuovo nella stanza e mi ha messo a terra. Ora lo vedo bene è alto occhi azzurri, capelli biondi lunghi, dice:

" *Non aver paura, non indietreggiare, le prove saranno difficili, ma hai sempre due possibilità la finestra di sinistra e quella di destra".*
Marianna è ancora li? Chiesi.

Marianna: "C'è una interferenza Marco... demoni entrano dalla finestra di sinistra".

Le chiedo. " Lui che fa o dice"

Marianna: "Lui li guarda sorridendo. Si sistemano in cerchio attorno a noi, io non ho paura, la sua presenza mi rassicura. Si spalanca la finestra di destra entra una folata di vento incredibile, Lui si illumina. Ora li guarda con compassione e dice:

" *Andatevene, nulla c'è qui per voi,* " *mi tiene la mano destra, tornate nella vostra disgrazia perchè per mano mia se ancora vi presenterete sarete scacciati, ascoltate e inginocchiatevi perchè neanche siete degni di nominare il mio nome. Io parlo per Colui che è, tornate nel vostro tormento, figli che Lo avete ripudiato e chiedete che vi sia data ancora la possibilità di essere nuovamente Suoi figli".*

Loro ridono inferociti sento la loro rabbia, la loro arroganza. Lui mi guarda con sguardo amorevole e ora sento Pace.

Chiedo: " Ma non osano nulla".

Marianna:" Mi tiene ancora la mano. No, non osano.

"Torneremo" dicono e volano verso la finestra di sinistra. Uno si ferma sulla finestra si gira e dice:

" Non ci sarai sempre tu a proteggerla".

Lui risponde: *" In Verità ti dico il Padre protegge tutti i figli Suoi e ora vattene perchè molte pene tu dovrai ancora sopportare, pensa a quelle."*

Marianna:" L'essere se ne va, Lui si gira verso di me mi prende anche l'altra mano, mi guarda e dice:

"Figlia mia, nulla possono contro di me e nulla potranno contro di te se sempre vicino mi resterai, va da loro e abbracciali per me".

Marianna: "Mi abbraccia, mi da un bacio in fronte e se ne va dalla stessa finestra."
Dagli occhi di Marianna sgorgavano delle lacrime. Lacrime di commozione e gioia.

Le dissi:
"Marianna hai vissuto qualcosa di bello e istruttivo, le Sue parole nella loro semplicità erano di Verità, volevo essere con voi e col pensiero c'ero".
" Tu eri con noi" mi rispose.

Per tre giorni continuammo il nostro cammino senza che Marianna o io avvertissimo la Sua presenza, ma cresceva in noi il desiderio e quasi l'esigenza di ascoltare e di parlare con l'Entità con cui Marianna era in contatto telepatico.
Il quarto giorno Marianna mi disse che anche lei "sentiva" che qualcosa del passato ci legava e il nostro incontro non era stato casuale, poiché nulla avviene per caso sulla Via della Luce. Mi disse che si sentiva molto in forza e che se ero d'accordo provava a contattare il Fratello.
Era anche mio desiderio parlare con Lui, cosi le dissi che certo ero d'accordo con lei e che Lo avremmo "chiamato" con le parole della Grande Invocazione:
" Che Luce, Amore e Potere ristabiliscano il Piano sulla Terra."

Marianna cominciò a riportare le Sue parole:
"Così Sia. Legati voi siete da un passato comune, scavando dentro di voi il ricordo emergerà con pazienza, determinazione, sotto l'Amore del vostro Dio.

"Marco" disse Marianna, "credo che abbia risposto ad un mio pensiero e domanda, avevo chiesto se io e te ci siamo conosciuti nel passato. Senti la serenità che emana?".

Dissi: " Pace e Luce a Te fratello in Dio."

Rispose: " *Sia essa con voi fratelli miei insieme a me*".

Domandai: Come mai le tue comunicazioni subiscono intromissioni?

La sua risposta fu:" *Perchè debole è ancora la mente sua, ma si rafforzerà l'Energia e lo Spirito ed essi faranno tacere la mente che si intromette. Il disturbo è l'interno che rispecchia l'esterno, dunque il disturbo è esterno e si riflette nella mente sua debole*".

Grazie ho capito. Cosa poi dirci sul libero arbitrio? Chiesi.

Maestro:" *Da voi dipende, il Padre liberi vi ha lasciato, ma la strada da seguire è una: quella della Luce che in voi alberga e aspetta solo di espandersi, per il bene vostro, per il bene dei fratelli e per la Gloria di Dio*".

Tu puoi leggere nei nostri cuori la Fedeltà e l'Amore a Dio.

Maestro:" *Si figlio mio, sento il tuo cuore, e ti raccomando, prenditi cura di chi ti è stato affidato, comprendi?*"

Risposi: Cercherò di fare il mio dovere con il meglio di me.

Maestro: " *Io con te sono e se qualcosa non va chiamami, Io ti sorreggo, Io ti calmo, Io ti dono la serenità se tu lo vuoi, ma le risposte dentro di te sono, non cercarle da me, io solo la Via ti posso indicare*".

Marco: Si comprendo. Io accetto e ti ringrazio.

Maestro:"*Molte dure prove hai superato, avresti potuto scegliere un'altra strada, ma sempre fedele al tuo Dio sei stato e Lui lo sa*".

Marco: Stavo per cadere lo sai.

Maestro: *"Ma non l'hai fatto perchè il richiamo della Vera Vita è stato più forte, perchè dentro di te essa batte figlio della Luce e donarla se vorrai puoi, come già facesti".*

Marco: Chiedo di essere uno strumento di Dio.

Maestro: *" Già lo sei per volere del tuo Dio, ma sopratutto per volere Tuo. Nulla sarà negato a colui che chiede nel nome della Sua Luce ricordalo".*
Marco: Ne sono certo.

Maestro *" Pace ci sarà figlio, vicina essa è anche per te, tanto hai faticato per trovarla per lenire i sensi di colpa, segui la tua strada, dentro di te Io sono perchè in Me tu sei, la Luce ci unisce, l'Invocazione ci riunisce. Chiamami in te e Io arriverò".*

Risposi: Ti ringrazio. Lo farò con l'aiuto di Dio. Come posso chiamarti nel bisogno?

Maestro: *"Figlio mio benedetto tu sei, ringrazia il Padre."*

Marco: Lo ringrazio di ogni momento che mi da, ma dimmi se puoi rispondere: perchè nella mia infanzia sentivo il peso e non accettavo la vita? Un bimbo che pensa di uccidersi.

Maestro: *" Tu sei, tu ragioni, tu sei l'insieme di quello che a qui ti ha portato e l'Anima ricorda ciò che ha passato".*

Si - dissi, poi chiesi: Posso fidarmi delle mie intuizioni sul bene e sul male? Sai a cosa mi riferisco.

Maestro *" Tu sei bene e tu sei male, ma la tua scelta già hai fatto e la Luce scaccerà il male. L'uomo può conoscere il male solo se con esso nasce, ma con la Luce esso deve sparire. Fidati di ciò che ti guida, perchè dietro una intuizione può esserci un Maestro di Luce".*

Grazie fratello, risposi.

Maestro: *" Possa l'Essenza Suprema essere sempre con te, possa tu portarla ai fratelli nelle piccole grandi gesta di ogni giorno".*

Marco: Vorrei che tutti vedessero la Luce di Dio e capissero, comprendessero.

Maestro:" *Figlio mio, c'è chi non vuole vederla e crede che il potere si possa raggiungere per vie che dal dolore lontano conducono; è il dolore che ti dona potenza, umiltà e purezza d'intenti, come puoi capire i fratelli, capire la grandezza del dono, se non sai cos'è il dolore?"*

Marco: La coppa della sofferenza che è amara, ma una volta bevuta dona vita, ma va bevuta fino all'ultima goccia.

Maestro: " *Si fratello in Dio, se bevuta tutta ti porta all'Essenza della Vita stessa e nulla più può farti sentire il dolore perchè esso si trasformerà in Amore e Compassione".*

Marco: Così è infatti, ora capisco più cose, ma chiedo umilmente l'aiuto Vostro Maestri di Luce e di Dio.

Maestro: *" Con voi noi siamo, perchè in noi voi siete".*

Marco: Uniti nell'Amore di Dio e con Marianna ed altri ne cantiamo le lodi.

Maestro:" *Cantate figli di Dio, cantate la Luce che ad Esso porta e che in voi splende, portate quella Luce ovunque la vostra strada vi porti tra gli esseri che incontrerete".*

Marco: Lo faremo.

Maestro: *" Ne sono certo, fratello resta sempre nella Luce e allontana i portatori di tenebre".*

Risposi: Lotterò con tutte le mie forze e l'aiuto Divino.

Maestro:" *La battaglia volge dalla tua, benedetto tu sei".*

Marco: Ed io benedico Voi fratelli della Luce in nome di Dio per l'aiuto che date e il vostro servizio.

Maestro: " *Pace fratello, il tempo delle prove più dure per l'umanità si avvicina questi sono solo gli albori*".

Marco: Si. Saremo noi pronti ad aiutare altri fratelli?

Maestro: " *Voi lo siete assieme a noi e assieme a chi vicino vi è*".

Marco: Contate sul nostro servizio fedele.

Maestro" *Visti siete stati, guidati siete, protetti sempre sarete. Pace a voi figli*".

Risposi: Pace a te fratello e grazie di ciò cha fai.

Per molti minuti restammo in silenzio per fare spazio nei cuori a quella forte energia amorosa che ci aveva abbracciato per tutto il tempo che Lui aveva parlato.

Come spugne avevamo assorbito e ora avevamo bisogno di digerirla, perciò con Marianna ci stringemmo le mani in una comunione di anime.

Un giorno era trascorso dall'ultima comunicazione e già sentivamo la mancanza di quella forza che ci pervadeva l'Anima e il corpo, e cosi Marianna mi disse:

" Sai Marco devo dirti che ieri sera, mentre dormivi, mi sono allontanata e vedevo un fuoco acceso e alcune persone mi hanno invitata li con loro. Sai che c'era la luna piena e una di loro mi disse che erano li per pregare e invocare gli spiriti della Luna e della natura. Dopo un po' però la testa ha cominciato a dolermi così mi sono allontanata con la scusa di fumare una sigaretta. Ma sentivo un disagio e come se pian piano perdessi le forze. Cosa ne pensi se chiediamo a Lui?"

"Sorella", le dissi, " sei stata poco accorta e sei caduta nella trappola".

" Fratellone vai con l'Invocazione".

Sorridendo le dissi:" Si.

Che Luce Amore e Potere ristabiliscano il Piano sulla Terra.

La Sua risposta arrivò subito:

" *Possa l'Amore Divino ascendere in tutte le creature del Cosmo*".

Risposi:" E stabilire il regno dello Spirito, Pace fratello."

Maestro: " *Pace a te. Che il regno già presente emerga nell'interezza della sua essenza in ognuno di voi*".

Essenza dell'Amore? Dissi.

Maestro: " *Dell'amore Divino che in voi esiste e che in mondi sconosciuti può farvi elevare per aiutare voi e i fratelli*".

E' il nostro proposito concorde con il piano divino? Continuai.

Maestro " *Si fratello è il vostro proposito che già sceglieste e che qui confermate*".

Marianna chiese: Come si possono distinguere le strade false dalla vera?
Rispose:" *Un assaggio tu hai avuto della falsità. Ieri sera mi chiamasti, cercasti di visualizzarmi, ma non mi sentivi, anzi, qualcosa in te di oscuro cercava di emergere, a cosa credi sia stato dovuto il dolore che sentivi nel terzo occhio? La tua energia hanno mangiato, nutriti si sono delle emozioni di quelli più deboli, mai erano sazi e tu lo hai sentito, Dio è ovunque e protettore vostro Io sono. Invocare spiriti minori è assurdo, ignorante dell'Amore Divino è colui che lo fa*".

Dissi:" Fratello appena mi ha detto ho avvertito un mal di testa e l'ho fraternamente rimproverata".

Maestro: " *Lo so fratello mio, ma ora sa distinguere, ieri sera mi ha chiamato, ma io non sono "andato", osservavo dall'alto. Si sono accorti di lei sopratutto la donna dagli occhi opachi, aspettavano solo che io andassi, per nutrirsi anche della mia energia, ma più in alto di loro per volere del Padre Io sono e i subdoli giochetti io li comprendo ancora prima perchè nei loro cuori io vedo*".

Chiesi: Fratello lo fanno con un fine o per ignoranza?

Maestro: *"Nel male c'è ignoranza, nel potere c'è cattiveria se si servono delle debolezze umane altrui".*

" Si infatti". Risposi, "davanti a ciò mi prende l'ira forse non è cosa buona".

Maestro: *" Sia la tua ira trasformata in compassione mio buon fratello, per coloro che ancora molto dovranno comprendere prima di vedere la Luce Vera".*

Marco: Certo hai ragione, mi batto e mi sono battuto per fare comprendere.

Maestro *" Lo so, - rispose- ma la pazienza è la tua arma migliore e la Fede la sostiene".*

Domandai allora:" Fratello perchè fui scelto per aiutare quel ragazzo che sai, allora ero ignorante, non sapevo nulla".

La sua risposta fu:
" Il divino agisce in noi per vie impensabili e si rivela .
Possa la barriera della Luce calare su di voi, così che le tenebre non la intacchino, non intacchino la vostra Anima, il vostro Essere. Figli della Luce, che il Potere dell'Amore di Dio cali su di voi perchè l'Amore sconfigge ogni cosa".

Dissi: Hai sentito il bisogno di Marianna, col mio Amore la abbraccio.

Maestro: *" Si fratello e con il mio abbraccio entrambi".*

Marco senti una brutta energia ? Cerca di coinvolgermi in qualcosa e in me c'è ira disse Marianna.

Forse si – risposi - ma non mi intacca, la Luce è qui con noi ora.

Così Lui parlò: *"Dio è con noi, potente Io sono mandato dall'Unico Dio, indietreggi tutto ciò che alla Luce non appartiene, l'Amore della Grande Anima è con questi fratelli, la fraternità dei Maestri tutti è con loro.*

Vili esseri che cercano il potere nell'abominio del vero Dio. Indietro! Nulla c'è qui per voi, perchè qui c'è il Padre. Pace fratelli a voi nulla vi intacca".

Grazie fratello, dissi.

Rispose: " *La potenza del Dio Universale è con voi ed essa con voi resterà sempre nel bisogno".*

Marco – disse Marianna - è pazzesco, mi ha calmato, ora sono più serena, è ancora qui, ma non parla.
Rivolgendomi a Lui dissi:" Grazie Fratello, accettiamo in noi la Luce e L'amore del vero Dio e l'aiuto di tutta la Fratellanza Spirituale".

Disse: " *La barriera è stata innalzata, serenità a voi figli dell'unico Vero Dio che avete accettato".*

Marco - disse Marianna - ora sto proprio meglio e anche il mal di testa è andato, ai brividi di prima si è sostituito un calore che veniva da dentro.

Bene sorella - le risposi - questa è una barriera insormontabile credimi, siamo grati a Dio.

Marianna: Si Marco la sento: è incredibile l'amore e la serenità che provo ora e tu? La mia energia è salita di botto ed è molto forte ora.
Dice ancora una cosa: " *Il leone c'era, ma il Praeceoptor(1) non ha voluto ascoltarlo".*

Bene Marianna - dissi - sono felice, la barriera fatta si chiama "circolo non passa", io la sentivo quando avevo quel ragazzo, ma non sapevo cosa fosse. Mi sentivo protetto e inattaccabile, sereno come ora, solo la Luce la può oltrepassare, ma ricorda siamo sempre noi in ultima analisi ad accettare o meno, Dio non impone nulla così i Maestri ricordalo sempre.
Marianna: Si credo sia questo il libero arbitrio
Continuai: Per i Fratelli della Luce è Sacro, per i fratelli oscuri no. Comincio a vederli in altro modo dal solito e prego che Dio dia anche a loro un pò di Luce se la vorranno.

Tra tante cose il nostro cammino continuava. Incontravamo altri pellegrini su quella strada che diventava man mano più stretta e difficoltosa.

Una sorella in particolare ogni tanto ci raggiungeva, ma invece di guardare avanti guardava indietro, nel suo passato, e Marianna spesso si fermava con lei a cercare di riscoprire e rivangare un passato di dolore e sofferenza.

Il nostro legame era sempre più forte e sebbene rispettassi le scelte di entrambe, non potevo esimermi dal non mettere in guardia di alcuni pericoli la sorellina Marianna, cosi cercavamo momenti per appartarci un poco e parlare con quello che ormai chiamavamo: Il Maestro.

1) Praeceptor era il nome con cui Marianna chiamava una sorella.

Ci sedevamo su due pietre vicine o a terra e pronunciavo l'Invocazione:

" Che Luce Amore e Potere ristabiliscano il Piano sulla Terra."

Marianna ripeteva le parole che gli arrivavano telepaticamente:

"Che sia la Luce ad indicarvi la Via ".

Pace a te luminoso fratello.

Maestro:*" Figlio della Luce un abbraccio fraterno"*.

Ed io: E insieme nell'abbraccio Divino.

Maestro *" Che tutto contiene"*

Ciò che è amore e fratellanza, risposi.

Maestro*" E purezza di Spirito, è la Via verso casa che in voi si rivela"*.

Marco: Noi ti ringraziamo per quello che ci dai, per il tuo servizio.

Maestro:*" E Io vi benedico per la Luce che decidete di accogliere"*.

Marco: Ne siamo assetati.

Maestro:*" L'Amore di cui siete assetati solo il Padre vostro può donarvelo nessun uomo sulla terra può donarvelo".*

Marco: Si lo sappiamo. Il modo in cui io faccio il segno della croce è corretto? Ciò che so l'ho appreso dal Maestro Tibetano.

Maestro:*" Corretto deve essere la fede che ci mettete nel farlo è un rito, è corretto, è il tuo modo".*

Chiesi: Un fratello mi vedeva in certe sue visioni, c'era un motivo particolare?

Maestro:*" Doni sono stati dispensati agli uomini e ciò che viene detto serve per progredire, ma attenzione, sia il vostro intuito spirituale ad accettare oppure no ciò che comunicato vi viene, credo che mosso da buona fede egli sia, ma risvolti personali possono interagire con ciò".*

Continuai: Tu dici ciò che pensavo grazie. Cosa ci dici sul giorno del Giudizio e dei 144.000?

Rispose:*" Simbolico è il numero, corretta deve essere l'interpretazione dello stesso, non a cifre esso corrisponde figli miei, cercate nelle stelle il vero suo significato, chiedete agli antichi Padri perchè essi lo conoscono, fate spazio dentro di voi non ragionate razionalmente, solo l'Anima può comprendere non solamente il cervello".*

Marco: Si certo è cosi.

Maestro:*" Il Giudizio non sta come Giudizio Divino, tutto criptico è figli miei perchè gli oscuri non comprendano e perchè gli uomini di mente povera non si disperino".*

Maestro- dissi- domani avrò bisogno di aiuto per una questione materiale mi sarai vicino?

Maestro:*" Sempre con te Io sono fratello mio, ti farò sentire la mia presenza".*

Grazie risposi.

Maestro: "*Non ringraziare me, voi avete scelto la Via, ringraziate il Padre*".

Marco: Il fratello Tibetano ha descritto un pò la guerra coi fratelli oscuri di Atlantide.

Maestro: "*Grandi uomini essi furono, grandi Spiriti, grandi menti, ma la loro parte umana prese il sopravvento e distrussero tutto quello che di bello e buono ebbero generato.
Un mito per molti esso è, ricordate fratelli, Atlantide è dentro di voi, figli di Atlantide voi siete perchè nelle lunghe rigenerazioni tutto viene passato, ma figli di Cristo voi anche siete e anche Cristo in voi è*".

Marco: Che bella umanità sarà con l'avvento del Regno dello Spirito, ne gioisco profondamente.

Maestro: "*Si fratello, gioisco con voi e il Padre con noi tutti*".

Domandai: Tornerete sulla terra tra gli umani?

Maestro: "*Già ci siamo, ma non visibili e comprensibili a tutti*".

Continuai: Sarete visibili e nostre guide?

Maestro: "*Quando l'essere umano si evolverà, allora, solo allora esso ci vedrà. Si fratello, ma la guida sarà lo Spirito Divino per tutti noi. Maestri diverrete, ma lunga ancora è la strada, e lastricata di pericoli. I fratelli oscuri dovranno sparire ed essere riassorbiti nella Luce, solo allora tutto questo si verificherà*".

Marco: Cosi dice il Maestro Tibetano e ora Tu lo confermi.

Maestro "*Fratello, egli è Luce, nel suo volto egli ha Amore che nel suo cuore si rigenera ed esso distribuisce, la Gerarchia tutta è con voi figli miei*".

Risposi: E noi ringraziamo e accettiamo tutto l'aiuto e la Luce che emana.

Maestro: *"A voi la attraete allora essa giunge"*.

Dissi: Siamo piccole fiamme, ma Fiamme Divine.

Maestro: *" Tu l'hai detto, in Verità Io ti dico che piccole fiamme con l'Amore Divino fuochi immensi diverranno ed essi indicheranno la Via a chi ancora nel buio è. Il vostro compito lo sapete figli?*

Risposi: Benedetto sarà il giorno in cui diverremo fuochi e con Voi saremo per servire.

Marianna: Io ancora non lo conosco.

Neanche io Maestro – dico.

Maestro *" Lo Spirito parla in voi, lo Spirito è sceso su di voi, lo Spirito è con voi, benedetti voi siete nel silenzio e nell'Amore il vostro compito emergerà dalle acque dell'Anima e allora saprete"*.

Marco: Ha a che fare non ciò che mi hai detto ieri?

Maestro: *" Si fratello, ma anche con l'Amore Universale in tutte le sue fasi e fuochi sarete"*.

Capisco dissi.

Maestro: *" E anche chi non è con noi ora lo sarà. Tu sai, tu comprendi a chi mi riferisco"*.

Compresi a chi si riferiva e dissi: Sono felice di sentirtelo dire.

Maestro: *" Ecco perchè fa di tutto per tenervi uniti, perchè in fondo sa, ancora solo a livello dell'Anima, e non riesce a spiegarvelo perchè anche lei ancora strada deve fare, ma ascoltatela se qui è un motivo c'è"*.

Marco: Si certo.

Maestro *" Essa possiede una parte di te, essa possiede una parte di lei, il ponte tra voi essa è"*.

Chiesi allora: Si uniranno a noi altri fratelli?

Maestro: " *Il ponte di Luce è stato mandato, i fratelli che nella Luce sono non resisteranno al richiamo*".

Marco: Posso dare una parola di conforto alla madre che sai? Gia me la desti tu?

Maestro: " *Il conforto figlio mio dispensa, l'Amore lo accompagna. Affidate vi sono molte persone e affidate vi saranno*".

Fratello ancora una domanda: Chi ha le stimmate come il Maestro Gesù è un sempre un segno di Luce? Sai che ne ho conosciuto una.
Rispose: " *Il dolore dell'umano sentire mischiato è con il Divino, amare esse sono, ma ricorda figlio, il dio minore tutti i trucchi usa per accaparrarsi anime che non conoscono e che non sentono la Vera Via e che ignorano la Verità*".

Marco: A volte pensavo di essere troppo diffidente.

Maestro: " *Tu conosci figlio, tu comprendi, fidati delle sensazioni che alla Luce ti conducono perchè se qualcosa non va tu lo avverti e questo è uno dei doni che dalla Luce viene dato.*
Fratello, ascolta, individui subdoli cercheranno di unirsi a voi perchè sia l'odio in grembo e perchè in grembo non si vede.
Io sono con voi, vi proteggo, ma le scelte rimangono sempre vostre".

Risposi: Fratello farò buon uso dei tuoi consigli. Ma le nostre scelte resteranno quelle della Luce SEMPRE a qualsiasi costo o sacrificio.

Maestro: " *Certo ne sono, confido in voi, lo sento, Io con voi se no non sarei; siate voi uno il fratello dell'altro come il Padre ha mandato, me ora Io mando voi e sempre con voi Io sarò. Possa lo Spirito scendere tutto su di voi*".

Marco: E noi restare in Lui, che la Luce e la Benedizione di Dio ci accompagnino sempre.

Maestro: *" Così sia. Io sono nel Padre mio e voi con me siete nel Padre"*

Marco: Grazie e ringraziamo il Padre che Ti ha mandato a noi.

Maestro: *" Ricorda con te Io sono, anche nelle prove più dure. Pace, Amore con voi siano"*.

Lo ricorderò sempre dissi.
Così proseguiva il nostro cammino avendo sempre più chiara la strada che davanti a noi si snodava, perchè dubbi e incertezze andavano scomparendo.
Con Marianna ci scambiavamo le esperienze vissute, specie quelle a cui non sapevamo dare risposte.
Le raccontai di fenomeni che non trovavano spiegazione logica, di un periodo di circa un mese in cui ero solo in casa, ma appena andavo a letto sembrava che i mobili dovessero spezzarsi e questo durava fino alle cinque di mattina, al sorgere del sole nulla più.

Marianna chiese: "Li hai collegati a qualcosa? Un posto, una persona, ecc?

"Forse un posto", dissi, chiederò al fratello di una cosa importante.

"Ok andiamo allora" disse Marianna, "vai con l'Invocazione mentre io mi concentro"

"Che Luce, Amore e Potere ristabiliscano il piano sulla Terra".

Subito Marianna così parlo:
"Sia la Luce mandata sulla terra rimandata indietro come un ponte di energia che va e viene".

Risposi: Pace a Te fratello che vieni in nome del Padre.

Maestro: *"Pace a te figlio del Padre"*.

Marco: Grazie per l'aiuto di oggi. Hai agito nella mente dell'amico.

Maestro. *"Vicino a te ero, fratello mio. Ho agito in nome della Luce"*.

Marco: Un primo passo verso una serenità di animo, ho bisogno di serenità per tanto tempo mi è mancata.

Maestro. *"Figlio abbi fede e ciò che ti è mancato in abbondanza avrai"*.
Marco: Ne sono certo ho Fede nel Padre come sempre mi tenderà una mano.

Maestro. *"Si"*
Domandai: Fratello accanto a me c'è una porta di comunicazione coi piani superiori? Con l'astrale?

Maestro: *Accanto a voi tutti essa è, solo pochi però riescono a percepirla, tu figlio mio la percepisci e la senti.*

Marco: Posso chiuderla mi aiuti o devo lasciarla come è?

Maestro: *" Se lì è un motivo c'è; non chiudere il cuore a qualcosa che a evolverti può aiutarti. Ascolta fratello essi non sono cattivi, essi cercano Amore, dona a loro il tuo Amore e rimandali nella Luce che da troppo tempo non vedono, cercano forse di farti del male"?*

Marco: Per ora no, solo rumori

Maestro: *" Vogliono attirare la tua attenzione su di loro perchè sanno che tu benedetto sei dal Padre tuo, figlio digli di andare in Pace perchè il Padre li sta aspettando e che quello non è il loro posto".*

Marco: Farò come dici.

Maestro: *" Dopo aver pronunciato queste parole con Amore, rasserenati, e loro ritorneranno nel luogo da dove vengono e altri Esseri verranno a prenderli, ma non badare troppo a loro, sia la tua attenzione posta solo per pronunciare le parole e poi basta".*

Marco: Si Fratello puoi darci un Mantra da recitare?

Maestro: *" Il mantra è quello che nasce dal cuore, la preghiera vera anch'essa dal cuore nasce. Le vostre menti si illumineranno e mantra potenti e preghiere potenti a voi saranno date".*

Marco: Le useremo per la gloria del Padre.

Maestro: *" Nasceranno spontanee dal cuore e voi saprete che i fratelli ve le hanno donate. Potrà capitare che una frase in testa vi rimbalzi allora figli prendete in mano carta e penna e fissate la parola del Padre in voi".*

Marco: Cosi ho scritto le due preghiere sul Fuoco Sacro e ai trapassati?

Maestro: *" Parola del Padre esse sono e altre ne scriverai figlio della Luce e parole del Padre anche esse saranno".*

Marco: Maestro Marianna andrà a casa della nostra sorella assistila, io sarò vicino con l'Anima.

Maestro: *" Nessun pericolo essa troverà e tu con lei assieme a me in comunione viaggeremo, lei deve andare là".*

Marco: Grazie fratello dell'Amore che versi in me e in Marianna.

Maestro: *" Figlio il Padre assieme ringraziamo, e sappi che la coppa ancora non è colma il processo di travaso è iniziato".*

Marco: Travaso di Luce? Cercherò di essere un buon figlio e fratello.

Maestro: *" Certo ne sono, si fratello, travaso di Luce e un buon discepolo rimanda la Luce alla Luce così che l'Amore sia un continuo rigenerarsi".*

Marco: Come dice il fratello Francesco.

Maestro: *"Un figlio prediletto esso era, fratello e figlio della nuova venuta".*

Marco: Fratello è il discepolo a scegliere il Maestro o viceversa?

Maestro: *" E' uno scegliersi a vicenda. Come voi uomini scegliete i compagni o le compagne di viaggio e viceversa, è una scelta libera nell'Amore ".*

Marco: Affinità spirituale? Un giorno quando vorrai ci dirai il tuo nome anche se non è importante?

Maestro: *" Si anche affinità spirituale. Il nome mio tu già pronunciasti il Figlio di Colui che E' io sono ".*

Marco: Maitreya?

Maestro: *" In molti modi Io vengo chiamato, dipende dalla vostra religione, ma il mio nome significa Amore incarnato ".*

Marco: Il Cristo.

Maestro: *" Tu lo dici ". Io sono Colui che è figlio di Dio amato dal Padre e reincarnato per opera dello Spirito ".*

Marco: E che ancora tornerai, e Tu luminoso hai visto noi piccoli uomini?

Maestro: *" Si fratello in Dio io vi vedo e per voi ancora piango al Padre mio lacrime di sangue. Non passa giorno che io non venga crocifisso sulla croce dell'amore umano ".*

Marco: Si lo so.

Maestro: *" Per Amore dello Spirito nell'umano quelli che seguono la Luce la mia sofferenza alleviano e con loro Io prego perchè il mondo si redenti, ma non si redenti al cristianesimo come puerili e subdoli esseri fanno credere, ma si redentino al Padre mio, perchè con Lui un Unico Essere tornino a formare ".*

Marco: Siamo io e Marianna degni della tua attenzione hai altro da affrontare?

Maestro: *" In chi abita un cuore puro, una Fede incrollabile, un Amore Universale e una sopportazione al dolore inestinguibile che si tramuta in Compassione, degno è della mia presenza, ma in Verità ti dico accanto ad ogni uomo Io sono e sarò fino al nuovo avvento. Voi la porta mi avete aperto e non come un ladro sono entrato e nel vostro cuore io abito".*

Marco: E noi te lo doniamo con Amore e Gioia.

Maestro: " *Si fratello, i nuovi discepoli già esistono sulla terra, in contatto con me essi sono, e saranno l'armata di Luce del Padre mio perchè tempi duri verranno, non solo il fratello ucciderà il fratello, ma le forze dell'oscuro nemico continueranno a progredire e tutto questo voi vedrete e miei testimoni sarete, come allora".*

Marco: Serviremo il Padre, questa è la mia promessa e giuramento davanti a Te.

Maestro: " *Figlio mio, Anima pura e dolce grazie perchè tu ancora mi fai sperare, io non posso interagire con il destino degli uomini se loro la porta non mi aprono, solo allora posso aiutarli".*

Marco: Sono chiusi nell'egoismo e potere, le tue parole sono state trasformate e usate per i loro giochi e il messaggio di Amore in cecità.

Maestro: " *Si fratello, molte parole hanno omesso, molte frasi hanno mutato a loro vantaggio, ma il Padre mio tutto vede e sa. Ciò che è stato costruito nell'ignoranza e nell'inganno, figlio mio, raso al suolo sarà, poco tempo ancora a loro è concesso di comandare e voi vedrete il crollo. Il contrario di amor raso al suolo sarà e con esso tutto ciò che al Padre non appartiene. Le religioni come ora le conoscete soccomberanno. ".*

Marco: Saremo umili servitori del Piano con l'aiuto del Padre e dei fratelli della Luce e il Tuo aiuto. Ciò che ho letto: Universalità dell'Amore, Devozione e Fede al solo Padre per tutti.

Maestro: " *Si".*

Marco: Ben venga allora il dolore se serve a purificare e innalzare l'Umanità.

Maestro: " *Usano il nome della Madre mia per i loro scopi, per il potere*".

Marco: Posso solo immaginare quanta sofferenza Ti procurano. Spero che piccole luci come noi donino un pò di sollievo.

Maestro: " *Si figlio, essa disperata è per come il nome del Padre è infangato. Invocano il dio del mondo per i loro riti dimenticando così il Padre Unico e Vero Dio e ricorda una piccola Luce un fuoco enorme diverrà*".

Marco: Lo alimenteremo con l'Amore, la Fede e il Servizio.

Maestro: " *Così Sia*".
Marco: Cosi Sia.

Maestro: " *Andate per il mondo, Io vi mando e al vostro fianco sempre sono e sarò con tutta la Gerarchia*".

Marco: Porteremo il Vero Tuo messaggio.

Maestro: " *Sia esso dato solo a chi pronto è*".

Marco: Si.

Maestro: "*Nessuna pena sulla vostra Anima figlio, loro non comprenderebbero e non c'è più bisogno di martiri, ma di predicatori puri come una colomba e furbi come il serpente*".

Marco: Sono parole che tanto sento.

Maestro: " *L'Amore è l'unica rivoluzione possibile, andate in Pace*".

Marco: Pace a Te o luminoso.

Marianna: Marco è andato non ho più il contatto. Sono un pò stanca è normale?

Marco: Si, lo so è stata lunga. Si ci ha da conto, gli siamo vicini e Lui vicino a noi. Punti di Luce dentro una Luce maggiore, grazie sorellina, la colomba e il serpente è in una sua parabola.

Marianna: aspetta Marco ancora mi dice una cosa

Maestro: " *In Verità vi dico che non passeranno più di ....che tutto quello che vi ho detto accadrà.*

Marco: Come possiamo essere pronti Maestro?

Marianna: Se n'è andato di nuovo. Cioè non riesco a sentirlo parlare, Lui è qui.

Marco: Chi meglio di Lui conosce le nostre anime? Il Maestro dei Maestri, signore dell'Amore.

Marianna: Scusa, ma cosa dovrebbe accadere?

Marco: Marianna ti ho parlato del giorno del Giudizio che non è un giudizio, ma instaurazione della Nuova Era dello Spirito con la distruzione del vecchio e falso.

Marianna: Si mi sembra di si.

Marco: Quando lo lessi provai dolore poi capii che era una necessità.

Marianna: Ma ricordo mi dicesti doveva avvenire tra molto tempo.

Marco: Ti dissi siamo vicini e ciò che ha detto lo ha detto anche Padre Pio uguale quasi. Ho letto una sua lettera dove in un colloquio con Cristo lui dice le cose cha ha detto a noi oggi.

Marianna: Ma dai? Altra prova, io non potevo sapere il contenuto della lettera.

Marco: Il riferimento al clero amante del potere e travisatore delle Sue Verità.

Cosi continuò il nostro discorrere su quanto il Maestro ci aveva detto.
Perché ci aveva detto quando ciò sarebbe accaduto? Parlandone e riparlandone era giunta la sera e fummo d'accordo a non rivelare per ora a nessuno la data che Lui ci aveva detto.

All'alba ci rimettemmo in cammino. Sentivamo intorno noi una brezza che ci alleviava la fatica del cammino, e quando ormai il sole era quasi allo zenit ci fermammo presso un ruscello a bere dell'acqua e mangiare qualcosa.

Non portavamo con noi molto, ma solo il necessario per il viaggio e alberi di frutta ne incontravamo parecchi sulla strada.
Di tanto in tanto una sorella si accompagnava a noi, ma poi si fermava a guardare indietro, mentre noi guardavamo avanti sulla Via che percorrevamo.
Dopo aver consumato una povera colazione Marianna disse:
" Marco sono pronta, recita la nostra Invocazione".

Così recitai:
" Che Luce Amore e Potere ristabiliscano il Piano sulla Terra ".

Dopo pochi secondi Marianna cosi rispose:
"Possa la coscienza dell'uomo essere svegliata dal Raggio della Luce".

Risposi: Pace e Luce a Te dispensatore di Amore.

Sempre attraverso Marianna il Maestro rispose:

" Pace a te fratello in Dio".

Marco: E alla Terra e agli uomini di buona volontà.

Maestro: *"Possa il Padre tornare sovrano di questi cuori"*.

Marco: Siamo tuoi umili discepoli, come possiamo affrontare l'evento di cui ci hai detto?

Maestro: " *In Verità vi dico che chi segue me segue la Luce che al Padre conduce, esso vi sarà rivelato nei vostri cuori e ancora strada dovrete percorrere, ma ascoltate perchè quando il momento arriverà pronti sarete".*

Marco: Se insieme a Te come guida siamo pronti a seguirti.

Maestro: *" Già il vostro essere la porta mi aprì figli e Io con voi sarò e sono. Possa il Raggio di Luce scendere su di voi e abbracciare il vostro essere in tutto il suo splendore."*

Marco: Grazie di quello che fai per noi. A volte sento la tua Energia dentro come un fuoco che arde.

Maestro: *" Si figlio perchè in te Io sono e il Regno in te tu hai cercato ed esso si rivelerà. L'unità delle menti sta ostruendo il passaggio al Divino essere".*

Marco: Un Crocifisso che è entrato nella casa il primo giorno di questo anno era un segno?

Maestro: *" Nulla accade per caso, ed il libero arbitrio esiste, ma nei segni esso non interagisce".*

Marco: Quale unita di menti ostruisce la strada? Quelle votate al male?

Maestro: *" Come ragnatele tese da ragni, il ragno che rosso si proclama, combattono contro la Luce e delle menti umane fanno proseliti, le comandano perchè molti ancora sono quelli che dormono".*

Marco: Molti cuori sono ostruiti dalla cecità, dal fanatismo religioso anche se in buona fede.

Maestro: *" Come fanno ad essere in buona fede, essi lo sono perchè comandati, perchè se veramente seguissero la Verità che in loro alberga nulla farebbero di tutto ciò".*

Marco: Come possiamo aiutare Maestro?

Maestro: " *Prima di tutto voi svegliatevi, siete sulla strada figlio, ma molte cose ancora attanagliano la vostra mente*".

Marco: Purificare i pensieri?

Maestro: " *Si, tu lo dici così deve essere. Energia di pensiero votata al re del mondo satura l'aria di pensieri negativi che vanno ad incidere sui fratelli più deboli*".

Marco: Sai che combatto con le forme mentali non pure e cerco di sintonizzarmi con la Luce.

Maestro: " *Le battaglie che tu ora perseguiti, non sono nulla a confronto di quelle che verranno, prosegui figlio nell'intento e il Padre continuerà a benedirti*".

Marco: Dacci degli insegnamenti, apri i nostri occhi ed orecchie.

Maestro: " *Figlio gli insegnamenti in voi sono. Se un Padre si scaglia contro un figlio e cerca di sopprimere la sua vita, se tu in questa situazione ti trovi cosa tu intendi fare?*"

Marco: Salvare se posso il figlio.

Maestro: " *Si, blocchi la mano del Padre. Ma dopo che essa viene bloccata come intendi proseguire?*"

Marco: Far comprendere al Padre che forse non era lui a volere la morte del bambino e che l'Amore si esprime altrimenti.

Maestro: " *Si, figlio, trovare il barlume di Luce nel Padre e renderlo un fuoco*".

Marco: Si.

Maestro: " *Doti voi avete, le menti potete comprendere e comprendendole trovare ciò che a esse serve, già ti capitò.
Ascolta, non fermasti tu la mano del Padre cattivo contro il figlio? Non fermasti tu i pensieri che indegni erano contro il figlio che tu sei*"?

Marco: Credo di si.

Maestro: *" Ebbene, solo sperimentando prima su di se puoi dopo aiutare. Il braccio dei tuoi pensieri negativi tu fermi, dunque il braccio del Padre non buono di questo mondo, ma tu sei anche il Padre di te stesso e non lavorasti dunque sui tuoi pensieri di Luce per far si che questo più non accada e convertire tu, il Padre di te stesso?"*

Marco: Si.

Maestro: *" Ecco questo avverrà. Quando davanti ad un problema vi troverete, per questo dico che gli insegnamenti già in voi sono, la Luce sempre vi indicherà la via giusta".*

Marco: E noi la seguiremo.

Maestro: *" Si figlio già lo fate, comprendi tu cosa voglio dirti con la parabola del Padre?"*

Marco: Si.

Maestro: *" Bene comprendi allora che tu sei il Padre di te stesso e che è esso che si sintonizza col Padre Creatore".*

Marco: Giungerà il tempo che ciò che abbiamo potremo donarlo ai fratelli bisognosi?

Maestro: *" Si giungerà, ma già lo fate".*

Marco: Non io, sono come un eremita e vorrei fare di più quando sarò pronto.

Maestro: *" Un eremita che comunica con il mondo, già lo sei ma ancora non sei conscio, il tuo nome non è un caso: Marco".*

Marco: Riferito all'evangelista?

Maestro: *" Tu lo dici, esso è. Il Padre mio mandò lo Spirito su di loro".*

Marco: Cosi lo manderà a noi?

Maestro: *" Così è scritto"*.

Marco: Riuscire a dare Amore e Luce riempie il cuore e il mio è affamato

Maestro: *" Lo so figlio e il pane del Padre mio ti sfamerà"*.

Marco: Lo ringrazio per ogni istante di ciò che mi da e ringrazio Te Maestro.

Maestro: *" I nomi che voi portate non sono scelti a caso ricordalo, Pace e Luce in voi"*.

Marco: Pace a Te, che i nostri cuori siano fari dispensatori di quella Luce, questo chiediamo.

Maestro: *" Sia il mondo irradiato dall'Amore, chiedete e vi sarà dato, bussate e vi sarà aperto, vi benedico"*.

Marco: Secondo il Piano.

Maestro: *" Sia esso ristabilito nella gioia dell'Amore"*.

Marco: Perdonaci Maestro, ma siamo avidi di ciò che con Amore ci doni.
Maestro: *" Io sono sempre con voi e al vostro richiamo Io parlo"*.

Marco: E noi ti ringraziamo con il nostro Amore e devozione al Padre.
Maestro: *" Venite con me"*.

Marco: Si ti seguiamo.

Marianna: Marco siamo in una stanza ombrosa tu sei da una parte e io dall'altra Lui è in mezzo ci sorride con Amore fraterno. Ci incamminiamo per una specie di grotta. Lui apre una porta in fondo alla grotta, ci sono tesori inestimabili, ma subito dopo tutto si trasforma

sembra un giardino è bellissimo entriamo nel giardino e Lui si siede su una pietra bianca noi a terra accanto a lui, dice:
"Chiedete figli e vi sarà rivelato"

Marco: Parlaci dei misteri che ristabilirai alla tua venuta alla terra Maestro

Maestro: *" Non v'è mistero nell'Amore fratello, Io sono colui che porta l'Amore, il mistero più grande è la vita che il Padre mio vi ha donato, per comprendere gli altri misteri questo dovrete prima di tutto imparare. Non vi sarà fame, sete, nessuna casta sociale, nessuno sarà padrone di nessuno, insegnerete agli altri figli del Padre cos'è l'Amore Universale, essi grandi menti possiedono, ma cuori chiusi hanno, credono che l'intelligenza sia superiore all'Amore, credono che il potere sia superiore alla gioia".*

Marco: Saremo in corpo fisico Maestro?

Maestro: *" Sarete Anima, perchè il corpo fisico vi limita, ma nell'Amore Universale non c'è limitazione di sorta, potrete spostarvi da un posto all'altro con il pensiero; potreste già farlo ora".*

Marco: Maestro senza la sorella Marianna sono cieco e sordo, ma mi basta sentire il tuo Amore.

Marianna: Marco ti sta appoggiando una mano sulla testa ti sta facendo dei cerchi sulla testa li senti? E dice:

" Figlio mio il tempo verrà, la mia volontà è la tua e quella del Padre"

Marco: Si qualcosa sento al terzo occhio?

Marianna: Marco c'è un Raggio che viene dal cielo, Lui ha la mano sul tuo terzo occhio e il Raggio scende potente sulla tua testa.

Marco: Sento calore e come pressione sulla fronte.

Marianna: E' una Luce che non ho mai visto prima ti sta segnando la fronte con una croce, il Raggio continua a scendere.

Marianna: Aspetta come è possibile?

Marco: Cosa.

Marianna: Marco ho perso la visione c'è Lello che mi chiama. (1)

Marco: Pulisci la mente concentrati sulla Luce.

Marianna: Ok riprovo.

Marco: Siamo con te Maestro?

Maestro: *"Con me voi siete, non è tempo per il fratello è andato in Pace".*
" Il Raggio che squarcia il cielo e scende sulla tua nuca possa liberare la tua mente, possa la mano del Figlio del Padre aiutare la tua vista per volere suo".

1) Lello un fraterno amico di Marianna trapassato.

Marco: Sia la Sua Volontà fatta, gia parlare con te mi sembra un Dono Divino.

Come sempre avveniva dopo la conversazione col Maestro, restavamo in silenzio come se ognuno di noi, le nostre menti, i nostri cuori e le nostre Anime dovessero interiorizzare le Sue parole e la Sua Energia, così dopo un veloce saluto con Marianna, ognuno per suo conto cercammo un posto per riposare.

Spesso accadeva che dopo una conversazione ne uscivo arricchito energeticamente e il sonno tardava a venire, e più mi abbandonavo ad uno stato di meditazione cosciente più divenivano chiari i pensieri che giungevano alla mia mente, cosi presi il quaderno che ho con me e cominciai a scrivere ciò che la mia mente percepiva.

Finito di scrivere dormii serenamente e mi sveglia fresco e riposato e con rinnovata forza per riprendere il cammino. Mentre raccoglievo le poche cose si avvicinò a me Marianna e disse:

" Senti qua cosa ho appena scritto, vediamo se tu capisci perchè io non ci capisco molto".

"Se la Luce illumina può l'intento essere parte della Luce stessa? Può l'intento condurre alla Luce o esso è già parte della stessa? Potrebbe l'umano essere intento? Esso volge comunque ad un desiderio, ad una aspirazione, dunque l'umano è già aspirazione, l'umano è aspirazione divina contenuta in se stesso. Può l'umano liberare questa aspirazione? Insita è in lui, dunque per liberare il divenire deve liberare i sensi. I sensi donati non sono solo cinque, sono cinque più cinque: la Vista Onnisciente, il Tatto Energetico, il Gusto Vitale, l'Udito Etereo e l'Olfatto Inconsistente delle cose invisibili.

Nell'affinare i sensi così detti materiali, usa la natura donatati dal Padre. Quando questi saranno vissuti nella loro reale pienezza gli altri prenderanno vita, ma solo dopo che tu figlio mio avrai scoperto il segreto delle cose che tutte si uniscono al Padre, i sensi terreni conducono a quelli divini".

Marco: Si cosi è infatti. Ma anche io ho scritto qualcosa, ora ti dò cosa ho scritto io:

>Che Luce e Amore Divino scendano sulla Terra e
>Nel cuore bisognoso dell'uomo disperdano le tenebre
>In cui il male vive e confonde le deboli menti umane.
>Che il Raggio divino del Gran Sole Centrale
>Laceri il velo dell'illusione astrale
>Quello strappo che il Cristo iniziò.
>Sia pervasa la terra dalla Vera Conoscenza
>Che i Maestri donano a tutti i figli di Dio.
>Svanisca e sia distrutto tutto ciò che all'Amor è contrario
>E nella sofferenza e dolore il figlio ritrovi il Padre
>E trovi rifugio in Lui.
>Si compia il Piano Divino davanti agli occhi increduli,
>si nasconda il male alla Luce di Dio
>gioiscano i curi puri
>perché essi riconosceranno Colui Che Viene
>e insieme cantino l'inno al Padre.

A questo punto risultò evidente che ambedue avevamo ricevuto un "messaggio" cosi seduti per terra recitai l'Invocazione:
Che Luce Amore e Potere Ristabiliscano il Piano sulla Terra.

Come sempre la risposta fu immediata:

"*Sia esso ristabilito nell'intento di unificazione, eccomi*".

Marco: Pace Maestro.

Maestro: "*Pace a voi fratello, io vengo a voi*".

Marco: Hai letto ciò che mi hai ispirato? Ho colto bene il messaggio?

Maestro: "*Si e benedetto è stato ciò che il Divino ti ha suggerito*".

Marco: L'ho posto ai tuoi piedi per questo.

Maestro: "*Figlio, la colomba che vola nel cielo anch'essa loda il Padre, gli uomini hanno dimenticato di lodarlo mentre tu mostrerai anche questo a loro.*"

Marco: Ma mostrano il tuo segno in oro sui loro petti ne fanno sfoggio.

Maestro: "*Perchè esso è così dai tempi dei tempi, figlio mio il significato è perso ritrovatelo in voi e insegnatelo poi*".

Marco: Con l'aiuto del Padre lo faremo; Maestro l'amica ha problemi e non so come aiutarla, ma credo che lei non voglia.

Maestro: "*La solitudine in lei è molto presente, fin dai tempi della fanciullezza grandi doti lei possiede, grandi doni in lei esistono, verrà il momento in cui a voi si rivolgerà da fratelli abbracciatela e parlatele, un membro incarnato essa è dei Padri*".

Marco: Ho cercato di farlo, ma è come se lei fosse chiusa in un suo mondo.

Maestro: "*Si lo è, e questo non dà a lei Pace nel cercare la strada di casa, ma questo mondo si aprirà ve lo ha aperto con lievi cenni, ma ha paura perchè se ve lo aprisse del tutto qualcosa potrebbe fare male e credimi, molto ha già sofferto la sua Anima pura*".

Marco: Ti credo Maestro.

Maestro: *" L'Amore la porterà a casa e il vostro abbraccio l'aiuterà, ma non ora, solo quando lei verrà a voi".*

Marco: Saremo ad accoglierla col cuore pieno di gioia. Lo dicevo a Marianna che non è il tempo ancora e tu lo confermi.

Maestro: *" Si così è".*

Marco: Maestro donaci Saggezza e Luce, donaci Verità.

Maestro: *" Io sono Verità, Io sono in voi e in voi la Verità è; abbiate la forza e il coraggio di sentirla".*

Marco: Ci riusciremo con l'aiuto di Dio e la tua assistenza.

Maestro: *" Ho detto alla sorella come fare ad affinare i sensi superiori essi vi serviranno molto figlio".*

Marco: Si lo so.

Maestro: *" Proclamate il nome del Padre con i vostri gesti, con la danza della vita, con il suono che il muro rompe e le catene degli innocenti spezza, la forza è in voi, lo Spirito è su di voi, figlio metti una mano sulla tua nuca".*

Marco: Si.

Maestro: *" Senti l'energia che da essa esce?"*

Marco: Si per la colonna.

Maestro: *" Si, in Verità vi dico non mentite, perchè questa energia che voi sentite non si raddoppierà, ma per mano del Padre si centuplicherà grazie ai doni dello Spirito che in voi opera".*

Marco: Ora avverto un calore forte.

Maestro: *" Che la mano del Padre si posi su di voi lievemente non in tutta la sua potenza, Luce Divina sia".*

Marco: Ringraziamo il Padre e te o Maestro e che la nostra devozione porti i frutti che offriamo al Padre.

Maestro: *" Il cammino di saggezza intrapreso è stato".*

Marco: Lo seguiremo col cuore colmo di gioia e certezza nel futuro, che io sia come uno specchio che prende la Luce e la riflette cosi anche Marianna.

Maestro: *" Ciò che chiedi è, ciò che chiedi sarà, nel Giardino le rose fioriscono una volta all'anno, ricorda queste parole, nel Giardino dell'Eden la fioritura delle rose avviene nel momento in cui il Sangue Mio cala su di loro, la fioritura vostra sta avvenendo".*

Marco: Sia come Dio vuole. Umilmente tocchiamo la tua veste e alziamo gli occhi al Padre e in Lui, nell'abbraccio cosmico tutti gli esseri, ringraziamo per la Sua benevolenza e per il tuo Amore, in tutti i fratelli cresca quel seme nei nostri cuori come nel Tuo.

Un altro giorno era trascorso e con le Parole del Maestro che ancora risuonavano nelle nostre anime, ci preparammo per la notte.
Riprendemmo il camino di buon'ora e la sorellina, come io chiamavo Marianna e lei me " fratellone". Quel giorno era particolarmente spinta a farmi domande su molti argomenti e io cercavo di darle le risposte e soddisfare cosi la sua curiosità. Una piccola fonte di acqua attirò la nostra attenzione e così ci fermammo per bere e riposare, quando Marianna disse:
" Marco il Maestro è già qui ".

Marco: Pace Maestro, dissi.

Maestro: *"A voi figli".*

Marco: Ho dato alla sorellina una buona spiegazione?

Maestro: *" Si da vero fratello maggiore sul cammino che conduce al Padre".*

Marco: Grazie per il conforto Maestro non vorrei darle non Verità.

Maestro: " *Figlio le Verità che tu dici, se provi a stare attento, sono quelle che ti dettano la tua Anima, l'Anima non mente, l'Anima sa*".

Marco: Si è vero e spesso mi meraviglio, mi sembra che già le sapessi.

Maestro: " *Perchè è così che avviene la trasformazione nel Padre con dolcezza*".

Marco: Si Maestro. Noto che le guide che si chiamano spirituali vogliono sempre dire la loro in tutti i campi dalla politica alla scienza creando disordine invece che ordine.

Maestro: " *Esse si auto proclamano tali, è con i fatti che si parla, non con le parole; un fine ultimo moltissimi hanno: il bene proprio. Il figlio di Dio si è auto proclamato tale, ma con i fatti lo ha riconfermato*".

Marco: Si.

Maestro: " *In Verità vi dico, seguite il Cristo, la Vera Via, coloro che pensano ai propri bisogni materiali sono molti*".

Marco: Credo che questo sia il vero demone: potere ed egoismo.

Maestro: " *Si esso lo è, infangano la dignità dell'uomo, infangano il Divino che è nell'uomo e che al Padre appartiene*".

Marco: Ma tutto ciò finirà e il regno del Padre sarà sulla Terra.

Maestro: " *Come in alto così in basso figlio, così sarà il Regno dei Cieli sarà anche sulla terra*".

Marco: Sarà un regno che le parole non possono dire.

Maestro: "*Emissari sulla terra ho mandato perchè gli uomini potessero vedere come potrebbe essere, ma pochi hanno capito, la piccola sorella che una grande voce possedeva per i miei poveri, essa mi vedeva in ognuno di loro*".

Marco: La sorella Teresa.

Maestro: "*Si, il fratello minuto che con la Pace combatteva e per la Pace soffriva, umile uomo, ma grande agli occhi del Padre*".

Marco: Non lo riconosco Maestro.

Maestro: "*Bianca era la sua veste figlio e scalzo camminava tra la gente e parlava agli stati*".

Marco: Ghandi.

Maestro: "*Si il fratello che nel Gange si immergeva, dove sono ora gli insegnamenti di questi uomini divini?*"

Marco: Persi nell'egoismo umano Maestro.

Maestro: "*Sempre emissari del mio Amore ho mandato e sempre continuerò a mandarne per volere del Padre*".

Marco: Lo so mi accusano di bestemmia se parlo del grande fratello Buddha.

Maestro: "*Loro bestemmiano figlio, perchè non sono neanche degni di nominarLo*".

Marco: Dio delle vacche lo chiamarono allora persi la pazienza.

Maestro: "*Non lanciare perle ai porci, lasciali nella loro ignoranza il tempo non è giunto, molti uomini di Pace ci sono anche ora sulla terra*".

Marco: Si Maestro essi non sanno e sono spesso denigrati.

Maestro: *" Colui che dal suo paese è stato cacciato parla di Dio, ama Dio, ma poco viene ascoltato, quel paese che tanto ha sofferto per i riti del dio minore in passato e ora soffre una occupazione di genocidio, il dio minore non vuole mollare quell'angolo del mondo. Vedi, non esiste religione giusta o sbagliata esiste contenuto d'Amore o di odio".*

Marco: Si l'albero è uno i rami sono molti.

Maestro: *" Si figlio così è, e dalle Sfere l'albero è composto; vi benedico nel mio nome e nel nome del Padre".*

Marco: Grazie e Così Sia.
Marianna: Così Sia.

Così proseguiva il nostro cammino, ma la fatica non la sentivamo più perchè avevamo la certezza che saremmo arrivati alla meta prefissa ora che avevamo un fratello e Maestro che ci accompagnava e ci dava insegnamenti indicandoci la strada sulla quale restare.
Erano trascorsi circa venti dei nostri giorni, da quando erano iniziate le conversazioni col Maestro, ma ci sembrava che da sempre Lui era stato li con noi.
Sentivamo la Sua grandezza, ma anche la Sua umiltà a scendere fino a noi e a metterci a nostro agio così che le conversazioni fossero spontanee mentre il Suo Amore ci avvolgeva, e quando era possibile chiedevamo di parlare con Lui, chiamandolo col pensiero e con l'Invocazione:
Che Luce Amore e Potere ristabiliscano il Piano sulla Terra.

Maestro: *" Sia esso ristabilito dalla spinta d'Amore verso il Padre vostro".*

Marco: Pace a Te o dispensatore di Amore.

Maestro: *" Che la Pace giunga a voi fratelli".*

Marco: Abbiamo avuto interruzione mentre ci parlavi.

Maestro: *" Si figli, ma comprendo, la mente ancora è debole, ma tutto si rafforzerà nella Luce. Io non voglio sopraffare i vostri pensieri perchè essi un senso hanno".*

Marco: Quando i miei pensieri sono con Te sto benissimo e il mio cuore si espande.

Maestro: " *Insieme siamo nella Luce, nella Luce anche dei tuoi pensieri d'Amore, sempre di più la tua mente dominerai, venite nell'Eden con me e insieme conversiamo figli*".

Marco: Ti seguiamo.

Marianna: Siamo nella stessa galleria, e apriamo la stessa porta, ecco il tesoro che si trasforma in giardino e Lui si siede nello stesso masso bianco e noi accanto a Lui per terra.

Maestro: " *Guardate figli l'Eden del Padre mio, dentro di voi esso risiede*".

Marianna chiede: Perchè prima c'era un tesoro che poi si è trasformato?

Maestro: " *Perchè prima di entrare nell'Eden del Padre la vostra materialità, la vostra sete di potere materiale deve svanire, in Verità vi dico il più piccolo tra voi entrerà, ecco il più piccolo perchè puro, colui che disdegna il dio minore*".

Marco: In antichi scritti della Gerarchia si parla di coloro che volevano entrare coi loro tesori.

Maestro: " *I tesori del mondo al mondo vengono lasciati, i tesori dello Spirito all'Eden conducono e si moltiplicano*".
Marco: E noi quelli desideriamo.

Maestro: " *Certo ne sono figlio, ecco perchè con me voi siete qui, perchè i tesori dello Spirito in voi si moltiplichino e diano frutto nella terra che ormai priva di Vita Vera è*".

Marco: Si Maestro il dio minore ne ha fatto il suo regno.

Maestro: " *Si e tutt'ora esso lo sta costruendo. Tutto è intriso di falsità di dominio, l'illusione è il suo potere più grande*".

Marco: Da sempre ci hanno detto di questo periodo, ma l'uomo non si accorge che va verso la catastrofe spirituale.

Maestro: *" Non si accorgono, ma tu guarda figlio mio anche solo una piccola cosa, i maghi dell'illusionismo quelli che proiettano in una tela storie false anch'esse ora parlano di distruzione, di dominio, di terrore.*

Marco: Si, ma ne hanno paura noi non ne abbiamo perchè sappiamo che il Padre è Amore.

Maestro: *" Esso è Amore, esso è tutto ciò che vive in pienezza".*

Marco: La tua rivelazione mi ha lasciato sereno, tranquillo.

Maestro: *" Così è, perchè voi dovete trasmettere la serenità che sentite, sopratutto quando come formiche scapperanno da tutte le parti senza sapere dove andare, ecco voi sarete la casa del Padre mio sulla Terra".*
Marco: Accoglieremo tutti e a tutti daremo ciò che possediamo in anime e materia.

Maestro: *" E con voi Io sarò".*

Marco: E noi con Te.

Maestro: *" Il Padre mio vi ha benedetti, in voi impresso è il suo Sigillo".*

Marco: Faremo di tutto per esserne degni.
Maestro: *" Si; ancora intorno a te anime ruotano?"*

Marco: Non sento nulla.

Maestro: *" Non più dunque?*

Marco: No.

Maestro: *" Hai fatto ciò che ti dissi?"*

Marco: Non ne ho avuto occasione, ma l'ho fatto col pensiero.

Maestro: *" Ecco la potenza del Padre mio".*

Marco: Sai che la conosco quella Potenza.

Maestro: *" Si perchè parte di quella potenza tu sei".*

Marco: Mai avrei immaginato che un gesto spontaneo avesse tale effetto, ma la mia Anima sapeva.

Maestro: *" Essa conosce cose che l'uomo neanche percepisce".*

Marco: Si ora so, puoi dirci qualcosa sulla reincarnazione? O sul karma?

Maestro: *" Essa è il migrare delle anime che devono comprendere nuovamente il Padre perchè nella materia si manifesti questa comprensione, molte tappe esse devono fare ognuna è un gradino della grande scala che al Padre conduce".*

Marco: Ma quando alcune anime si spengono, si dice, sono riassorbite dal Padre?

Maestro: *" Esse rientrano nel Padre, mantenendo la loro individualità ricaricandosi d'Amore per poi tornare nuovamente".*

Marco: Ma si incarneranno in altre entità umane?

Maestro: *" Il Padre non abbandona mai, così è".*

Marco: Quando si aprirà di nuovo la porta al regno umano?

Maestro: *" Tutto è nel Padre e la porta in Lui è, quando pronte saranno, perchè la porta mai chiusa sarà fino a che l'ultima Anima non passerà".*

Marco: C'è Maestro un dubbio che ha volte mi prende quando decidemmo con la compagna di far abortire ho negato la vita ad un'Anima?

Maestro: *" No, tutto è scritto"*

Marco: Era un qualcosa a cui pensavo e non accettavo l'alibi della mente.

Maestro: *" Figlio Pace e Amore sia con te e con tua sorella nella Luce del Padre. Figlio venite a me tutte le volte che vorrete".*

Marco: Grazie Maestro perché ci comprendi.

Maestro: *" Vicino ai cuori puri sempre Io sono e conosco i loro bisogni ".*

Marco: Oggi hai detto Pace a te e a tua sorella, ti riferivi a Marianna o alla sorella di sangue?

Maestro: *" Colei a cui mi riferisco è la sorella del tuo sangue, ma non del sangue che tu credi, ma colei che è vicino a te e a Me".*

Marco: Siamo molto vicini con la sorellina in Te.

Maestro: *" Si voi lo siete. Ti manca tua sorella figlio?"*

Marco: Lei è libera e rispetto le sue scelte, ma che forse non sono le mie.

Maestro: *" Ricorda molteplici sono le strade che conducono al Padre, ma mai per nessun motivo il discepolo deve innalzarsi sopra al Maestro chiunque esso sia e mai per nessun motivo l'uomo deve innalzarsi sopra suo fratello".*

Marco: Si Maestro grazie per avercelo ricordato, io e Marianna pensavamo di essere troppo piccoli per il dono che ci fai quindi è lontana da noi la superbia o innalzarsi, recita l'antico commento: Guardo sopra aiuto sotto.

Maestro: " *Si figlio so i vostri intenti*".

Marco: Il Maestro Tibetano dice che darai un'altra invocazione per il tempo dello Spirito, ora non è il tempo?

Maestro: " *Esso è vicino, ma figlio riprendi in mano la carta e la penna perchè a te Invocazioni saranno date e dentro di te la tua Anima ne è conscia* ".

Marco: Oggi sentivo qualcosa seguirò il tuo insegnamento.

Maestro: " *Già qualcosa è in viaggio per te e questo sarà un segno* ".

Marco: Ringrazio il Padre di ciò che vorrà donarmi e che possa essere d'aiuto ad altri.

Maestro: " *Fiducioso ne sono e tu sai che noi agiamo in piccole gesta*".

Marco: Si lo so Maestro, cosa pensi dello spettacolo della morte del pontefice? Ha mosso buone energie o no?

Maestro: " *Possa il Padre avere pietà. Ancora una volta degli uomini che insozzano così il Suo nome. Possa il cielo aprirsi e mandare sui figli che seguono ciecamente questi profani un raggio di Luce che penetri il loro cuore e gli mostri la Vera Via* ".

Marco: La morte come spettacolo, dicevano che era il vento dello Spirito a muovere i fogli del Vangelo, ma non sentivo questo.

Maestro: " *Lo Spirito è dolce e soave, lo Spirito non chiude i libri ma li apre*".

Marco: Si come apre i nostri cuori.

Maestro: " *Si fratello, grandi illusionisti questi uomini sono, perchè essi figli dell'illusione del dio minore sono, dobbiamo avere pietà di loro e amarli*".

Marco: Si Maestro, ma tu sai quanta amarezza ho provato chiedendo a loro consigli e sono uscito sempre con l'Anima piangente.

Maestro: " *Figlio della Luce, la tua Anima ha le risposte, chiedi a lei il Padre non fa piangere l'Anima, le dà cibo, la culla e le dà da bere*".

Marco: Lo so e questo chiedo. Ho benedetto da me la casa dove vivo, ma non è stato perchè mi sento superiore.

Maestro: " *Bene-dire figlio è l'atto che ognuno dovrebbe fare tutti i giorni* ".

Marco: Si ma credono che solo chi indossa un abito nero possa farlo.

Maestro: " *Tutti sono figli del Padre e tutti possono servirlo con o senza abito, i Sacramenti sono in voi fin dalla vostra nascita*".

Marco: Prendere la comunione come un ladro non è espressione di Amore Divino, ma il negarla.

Maestro: " *Si, ma in Verità ti dico che una nuova Comunione scenderà sulla Terra per volere del Padre mio, troppo si è abusato del pane e del vino e la vera sua Essenza è stata rubata*".

Marco: Si Maestro ce ne darai a noi di questa comunione?

Maestro: " *A tutti come feci a suo tempo* ".

Marco: Tu hai mostrato la VIA.

Maestro: " **IO SONO LA VIA . IO SONO LA VITA** . *Se uno vuole entrare nella casa del Padre deve passare attraverso di Me. Chi non passa attraverso di Me non entrerà mai* ".

Marco: E noi ci afferriamo come bimbi alla tua veste.

Maestro: " *Così sta scritto, gli uomini devono tornare come bambini, voi passate attraverso di me perchè Io sono in voi, il Padre e il Figlio sono in voi, fate di essi una sola cosa ed entrerete* ".

Marco: E' nostro volere farlo affidandoci al Padre e a Te che porti la Sua parola.

Maestro: *" LUI ha mandato me e Io mando voi in mezzo ai lupi, ma essi un capello non vi torceranno".*

Marco: Faremo la volontà Sua.

Maestro: *" Così sta scritto. Sia la Verità rispettata e gli emissari del Padre ascoltati, essi sono riconoscibili dal Sigillo del Padre che impresso in loro è e che al momento opportuno si renderà visibile perché ciò che ora è invisibile per mano del Padre mio lo sarà".*

Marco: Porteremo la Sua parola a chi vorrà ascoltarla.

Maestro: *" Inginocchiatevi figli perché la mia Benedizione sta per scendere su di voi in tutta la Sua interezza.*

Sia la mente degli uomini illuminata dal Raggio Divino che dal Padre nasce, sia la VIA MAESTRA rispettata essa è l'unica che al Padre conduce, essa viene chiamata la VIA DI MEZZO, la Strada Maestra che i Maestri percorrono, sia essa aperta a voi perché la Benedizione di Dio Padre Onnipotente, Grande Architetto, irradiatore d'Amore scenda su di voi figli che avete accolto la chiamata dell'Altissimo. LUCE sia ora! Nelle menti, nei cuori degli uomini, sia la loro mano la mano guidata da Dio, siano le loro azioni guidate dal Padre mio perchè essi ridiventino UNO con Lui e con Me. Così Sia.

Marco: Cosi Sia. Dai nostri cuori si alza un grido di lode al nome Suo, entri nei cuori di tutti e rifulga la Sua Luce ovunque.

Maestro: *" Così sia. Confermati ora voi siete, Gloria al Padre, al Figlio e allo Spirito, che la Pace e l'Amore regnino nei cuori".*

Marco: Cosi Sia.

Maestro: *" Possa la Luce entrare nel cuore degli uomini, possa l'Amore irrompere nell'umana esistenza e riportare così gli uomini dal Padre".*

Marco: Ed in essi risplendere d'Amore. Maestro il sogno di Marianna è forse un avvertimento?

Maestro: *" Anime ruotano attorno a lei, essa non è indifferente agli esseri immateriali, non vogliono che divenga ciò che è. Da tutti si deve guardare anche dagli uomini perchè essi subiscono l'energia".*

Marco: E ciò che sempre le ho detto.

Maestro: *" Lo so figlio e mi rallegro di questo, ancora lei non sa, ma la Luce indicherà la Via".*

Marco: Cerco di proteggerla come posso, ma il tuo aiuto le sarà più benefico.

Maestro: *" Si accanto a lei Io sempre sono quando le cose diverranno lei saprà, ora no".*

Marco: Tutto al suo tempo.

Maestro: *" Si dal fiore nasce il frutto".*

Marco: Maestro c'è un significato nelle 12 ceste rimaste e nelle 7?

Maestro: *" Le dodici ceste i frutti buoni contengono, ma solo nelle sette si possono mangiare esse contengono la Sapienza dei Dodici".*

Marco: Qualcosa avevo intuito non a caso restarono quelle ceste: il numero.

Maestro: *" Ricorda le ceste hanno un nome ciascuna e nomi umani hanno".*

Marco: I tuoi discepoli ti riferisci a loro?

Maestro: *" Ciò che è scritto sarà".*

Marco: Maestro senti i miei pensieri a Te.

Maestro: " *Figlio io sento anche quando dormi e i tuoi pensieri non controlli*".

Marco: Si è Verità a volte riesco altre no.

Maestro: " *Tutto ha un tempo, ciò che è scritto sarà, ciò che è scritto è*".

Marco: Me ne dolgo Maestro perchè so da dove vengono.

Maestro: " *Non dolerti, l'Amore è in te, questo è ciò che conta non da dove vieni, ma dove vai*".

Marco: Grazie Maestro, la tua opera in questo momento sarà determinante per la Luce.

Maestro: " *Assieme agli umani volti sarà determinante, ma voi recepite ora, molti di voi iniziano a comprendere, la nuova generazione già sta crescendo*".

Marco: Si siamo sempre noi uomini a determinare, sarà un bene?

Maestro: " *Si*".

Marco: Maestro il nipote sento che ha dei legami con me e che devo fare qualcosa per lui quando sarà il momento, sento bene?

Maestro: " *Ciò che tu senti è bene, il momento arriverà da solo abbi pazienza non è così lontano*".

Marco: Si, non ho fretta Maestro la mia Fede sa aspettare e sperare nel bene.

Maestro: " *E tu ricompensato sarai, il Padre vede tutti i figli suoi con gioia a loro guarderà*".

Marco: Ne sono certo vuoi dire qualcosa a Marianna?

Maestro: " *Piccolo germoglio che stai affondando le radici nella buona terra abbi fede, un giorno comprenderai, sento le tue domande, ma le risposte giungeranno da sole al tempo giusto, tu hai paura che quello che io ti dico sia solo immaginazione, hai paura di ferire, chi ama non ferisce, Io accanto a te sono perchè in te sono, ecco questo è il mistero ecco perchè non mi vedi come esterno ma interno. Io in te abito".*

Marco: Ha bisogno come dici di Acqua Spirituale per crescere.

Maestro: *" Si ne necessita, ma il Padre la disseterà".*

Marco: Come sempre provvederà ai suoi figli.

Maestro: *" Grandi cambiamenti sono in atto in lei".*

Marco: Gia lo presentivo e anche detto, forse vedo un pò più lontano?

Maestro: *" Si tu vedi e dimmi figlio quando questi a tuo avviso prenderanno atto definitivo in lei?*

Marco: Nel tempo umano 2 o 3 anni, circa a 32 anni sarà splendida.

Maestro: *" A 32 si depositeranno a 33 inizierà ciò che deve".*

Marco: E quando inizierò io Maestro a 63 anni?

Maestro: *" Figlio già tu hai iniziato, ma a quell'età lo Spirito ti guiderà e grandi cose farai agli occhi umani perchè il Padre guiderà la tua mano.*

Marco: Lo spero perchè ora non faccio nulla mi sembra per servire il Padre e l'umanità.

Maestro: *" Figlio mio tu già molto stai facendo e stai servendo tuo Padre nell'Amore, rassicurati in te troveranno e trovano".*

Marco: Ho bisogno Maestro di dare e ricevere AMORE.

Maestro: *" Lo so e certo ne dai e riceverai tutto moltiplicato"*.

Marco: Sono grato al Padre e a Te e a tutti coloro che mi daranno una opportunità.

Maestro: *" Sento l'Amore tuo"*.

Marco: E io il tuo, il mio è piccolo, il tuo Universale.

Maestro: *" Universale diverrà ciò che ora sembra piccolo che al traguardo arriverà"*.

Marco: E' il mio impegno, il solo toccare la tua veste quel giorno sarà la gioia più grande e mio impegno sarà portarne molti con me a Te e al Padre.

Maestro: *" Così sia, la tua preghiera ascoltata è, vi benedico andate in Pace"*.

Marco: Pace e Luce, grazie Maestro.

Maestro: *" E in pace nella serenità dell'Amore Divino restate"*.

Da quando avevamo incontrato il Maestro la Via si era sempre più illuminata, ma non incontravamo altri pellegrini che la percorrevano.

Trovavamo si piccoli raggruppamenti di anime che si sentivano già felici di essere arrivate lì, ma poi il desiderio di riposo si era trasformato in pigrizia spirituale e molti cadevano nelle grinfie dei venditori di illusioni perdendo quindi un po' del terreno che avevano conquistato con fatica e dolore. Non si rendevano conto questi fratelli che la Via è in salita e che a fermarsi c'è il rischio di scivolare verso il basso, perchè da li arrivano i richiami dei sensi, delle illusioni, della personalità e di quanto altro ostacola il ritorno alla Casa del Padre.

Così si discorreva con la sorella quando lei mi disse:
" Ieri sera ho fatto due passi da sola, e Lui era acanto a me, sentivo che diceva che tutto quello che vedevo era illusione, illusione nell'illusione, e che dovevo vedere dentro alle cose, continuava a ripetere " *guarda dentro le cose* ", poi mi ha parlato della compassione

dice che Dio è compassione infinita e che nell'uomo suo figlio c'è la semente della compassione.

Facciamo una chiacchierata con lui?

Certo che si, - risposi- sai quanto mi fa piacere:
Che Luce Amore e Potere ristabiliscano il Piano sulla Terra.

Maestro: *" Siano benedetti coloro che al Piano contribuiranno"*.

Marco: Pace Maestro e grazie di essere con noi.

Maestro: *" Pace a voi figli"*.

Marco: Maestro ho due domande di chiarimento.

Maestro: *" Siano le tue domande poste"*.

Marco: Il divorzio.

Maestro: *" Ciò che Dio unisce non venga mai diviso, ciò che Dio benedice in voi, cioè dovete divenire uno, il Padre non si riferiva al matrimonio mortale, ma al matrimonio divino. In Verità vi dico il Padre ama i figli suoi e ciò che lui desidera da buon Padre è la loro felicità. Non si può essere assieme ad una donna o ad un uomo nella discordia totale, ricordate chi a voi si affianca ha un suo percorso interiore che certo può essere condiviso, ma esseri distinti siete voi. In matrimonio vi unite perchè dentro di voi aspirate al matrimonio divino"*.

Marco: Grazie Maestro proprio perchè il Padre ama i suoi figli non poteva obbligarli alla pena.

Maestro: *" Sii sereno"*.

Marco: Lo sono Maestro e Tu sai, per superare ho pensato cosa avesse fatto il Padre con me, anche io lo avevo abbandonato, ma Lui era li ad aspettarmi, cosi farò io.

Maestro: *" Giusto è quello che dici"*.

Marco: Hai parlato della nuova Comunione Spirituale.
Maestro: "*Si*".

Marco: Vuoi dirci qualcosa in più?

Maestro: "*Tutto è nel Padre, ma ancora esso non è compreso, ecco l'agnello di Dio vi aiuterà a comprendere, e la Nuova Comunione si avrà quando la consapevolezza di questo emergerà negli uomini*".

Marco: Col tuo ritorno sulla Terra?

Maestro: "*Figlio già Io sono qui*".

Marco: Si non sei mai andato via, fisicamente intendevo.

Maestro: "*Il mio ritorno sarà decretato dai vostri cuori, allora, solo allora, Io ritornerò*".

Marco: Si quando la chiamata dell'Umanità sarà forte.

Maestro: "*Ma ricorda, non tornerà più Gesù, ma Cristo*".

Marco: Si lo so.

Maestro: "*Sai perchè figlio Gesù non tornerà?*".

Marco: Non ne sono certo dimmi ti prego.

Maestro: "*Perchè il Padre ha mandato me e io ora mando voi, perchè Gesù siete voi che al Cristo dovete tendere, Gesù ha indicato la strada terrena, il Cristo quella Divina*".

Marco: Capisco, Maestro arduo è il compito, ma i nostri cuori anelano e ci riusciremo con l'aiuto del Padre e Tuo.

Maestro: "*Seguite Gesù in voi e troverete il Cristo*".

Marco: Si Maestro, alla sorellina ieri sera hai mostrato un pò di cose.

Maestro: *"Ho conversato un pò con lei, quello che la sua mente poteva percepire, ma la sua Anima ha compreso".*

Marco: Sono felicissimo, ne sono certo. Maestro ci porti solo un pò nel giardino?

Maestro: *"Venite e vedrete".*

Marco: Ti seguiamo.

Marianna dice: " Marco è sempre la solita porta, ecco siamo nel giardino Lui si siede sulla pietra e noi accanto".

Dissi allora: Maestro parlaci come facevi ai tuoi apostoli, tutto ciò che ci dai è Amore.

Maestro: *" Il sentiero che alla montagna conduce, è lastricato di pietre, ogni pietra che lo compone ha un senso, è li per un motivo, per far si che voi abbiate un appoggio. Ecco io vi dico che ogni minimo incontro, ogni prova, ogni gioia ha un senso più grande che voi non riuscite ancora a comprendere, ma ricordate esse sono le pietre che compongono il sentiero che conduce la vostra Anima dal Padre. Dal cielo si apre un varco, un Raggio la montagna illumina ogni volta che ognuno di voi ritorna al Padre, ecco figli da molto tempo la montagna non è illuminata e il cielo è li che attende".*

Marco: Comprendiamo Maestro.

Maestro: *"Perdonate e sarete perdonati, gioite e la gioia attorno a voi si estenderà, andando a toccare i fratelli abbiate compassione e compassione riceverete, aiutate i fratelli e la forza calerà su di voi come impetuosa è l'onda nel mare quando il vento la agita".*

Marco: Lo faremo Maestro è l'impegno che davanti a Te prendiamo

Maestro: *"Venite più accanto a me".*

Marco: Si.

Marianna dice: Marco ci sta mettendo le mani sulla nuca, un Raggio di Luce sta scendendo su di lui accompagnato da una colomba esso penetra nel Suo corpo e attraverso le sue mani entra in noi.

Maestro: *" Figli di Dio, voi siete portatori dell'Amore del Padre sulla Terra, il triangolo è stato fatto dalla vostra purezza di intenti, voi siete nel Padre e Io sono in voi, l'Alleanza ancora una volta è, che l'Amore del Padre si impregni in voi come spugna del mare che l'acqua assorbe per poi svuotarsi per i fratelli e assorbire ancora".*

Marco: Siamo grati al Padre e benedetto sia sempre il nome Suo, si Maestro svolgeremo il compito con cura e Amore.

Maestro: *" Potente ora entri!"*

Marianna dice: Marco la colomba si posa sulla mia testa e ora sulla tua, ritorna a Lui, due colombe più piccole escono dagli alberi e si posano su di noi.

Marco: Rendiamo grazia al Padre e al suo Figlio nostro Maestro. Grande è l'Amore del Padre sia esso riconosciuto da tutti gli uomini e portato nel cuore.

Maestro: *" Sia il Divino riconosciuto in voi, Pace fratelli".*

Marco: Pace a te o Luminoso Maestro.

Marco - dice Marianna - ci riaccompagna fuori le colombe sono sempre con noi e Lui rientra, chiude la porta dietro di se.

Vivevamo la nostra vita come sempre e come tutta l'umanità dovevamo anche affrontare i problemi umani materiali, ma quando con la sorella si riprendeva il cammino il desiderio di parlare col Maestro era ormai un bisogno dell'Anima, cosi io o Marianna dicevamo: facciamo due chiacchere con il Maestro? E mentre Marianna si preparava ad accogliere la voce del Maestro io recitavo l'ultimo versetto della Grande Invocazione che era ormai diventato l'Invocazione per parlare con Lui:
" Che Luce Amore e Potere ristabiliscano il Piano sulla Terra".

Immancabile giungeva a Marianna la Sua risposta:

" *Pace e Amore a voi figli del Padre*".

Marco: Pace a Te o luminoso Maestro.
Maestro: " *Sia l'Amore il destino dell'uomo*".

Marco: Che l'uomo impari a conoscerlo e viverlo.

Maestro: " *Si figlio mio*".

Marco: Maestro ho una domanda.

Maestro: " *Sia la tua domanda posta figlio*"

Marco: Quale era il ruolo della Maddalena, le voci e fantasie sono tante.
Maestro: " *Essa è il simbolo della donna redenta, essa era la mia sposa terrena, era la sposa di Gesù che da uomo doveva vivere, essa è la depositaria dei segreti del Maestro per le generazioni che vennero, ma ora quei segreti sono persi*".

Marco: Quei segreti che tu ristabilirai alla tua venuta?

Maestro: " *Quei segreti che ora vi sto svelando*".

Marco: Perdonami Maestro, ma perchè travisare la Verità, il fatto che Gesù fosse sposato cosa poteva nuocere alla Sua e Tua missione, grandi figli di Dio erano sposati.

Maestro: " *Loro hanno travisato la Verità perchè volevano potere sull'uomo perchè esso si sottomettesse a loro*".

Marco: Ma travisare la Verità non è offendere il Padre e anche Te che sei Verità?

Maestro: " *Si ecco perchè continuo a ripetere Padre perdona loro perchè non sanno quello che fanno. Il Padre disse:* " <u>non siano queste parole toccate, aggiunte o modificate</u>" *loro tolsero le parole del Padre mio senza pensarci*".

Marco: Portando pero tante anime sulla falsa Verità.

Maestro: *" Si figlio, ma ricorda che portati si sono fatti anche, pochi volevano vedere dentro alla Verità perchè così era ed è più comodo".*

Marco: Nascondere la testa sotto la sabbia.

Maestro: *" Si è più semplice che mettere in gioco se stessi e cercare di vedere e comprendere la Vera Via".*

Marco: Amo la Verità anche se scomoda.

Maestro: *" Figlio mio la Verità è sempre scomoda per la mente perchè la mente non comprende, essa è illusione, ma essa innalza l'Anima dell'uomo a Dio e l'Anima comprende. Figlio, un altra cosa".*

Marco: Dimmi Maestro.

Maestro: *" Maria di Magdala, Maria Maddalena, in lei c'è la similitudine del processo che l'uomo deve fare per raggiungere il Padre".*

Marco: Si ci avevo pensato.

Maestro: *" Trovi che Magdala e amigdala si somiglino?"*

Marco: Si.

Maestro: *" Ecco figlio rifletti su ciò".*

Marco: Maestro perdonami, ma vedo il processo in molte altre cose, come nella vita del bimbo, dalla sua procreazione alla maturità.

Maestro: *" Certo figlio, ma a quell'epoca gli uomini erano ciechi solo pochi riuscivano a vedere tutto ciò perchè tutto è similitudine della strada verso il Padre sopratutto nella natura, ecco perchè dico alla sorella di esercitarsi sulla natura che il Padre vi ha donato".*

Marco: Perchè non vedono Maestro, questo è il mio dolore.

Maestro: "*Perchè essi credono di più nell'illusione che nella Verità*".

Marco: Il solo assaggiare il Padre è gioia immensa che si negano.

Maestro: "*Figlio in Verità ti dico che il tempo verrà che il Padre scorgeranno e saranno coloro che Io indico come miei discepoli ad intraprendere il processo di Verità come allora, oggi, domani, sempre*".

Marco: Vedo l'umanità come un uomo nel deserto che muore di sete e si dirige verso il miraggio piuttosto che verso la fonte.

Maestro: "*Combattete l'illusione*".

Marco: Lo faremo, grazie Maestro per le tue parole di Verità.

Maestro: "*Pace figlio, sento che la sorella è stanca e se non è lucida non può recepire bene le mie parole, figlio, vicino a te Io sono*".

Marco: Pace e Luce alla Umanità, conosci i miei pensieri e ti accetto con Amore in me e gratitudine.

Maestro: "*Che l'Amore del Padre sempre vi illumini seguitelo*".

Marco: Si Maestro.

Maestro: "*Figli miei vi benedico, che l'Amore sempre sia con voi*".
Marco: Maestro ieri sera ho cercato di portare la tua parola, ma forse non sono in grado mi hanno quasi cacciato.

Maestro: "*Figlio tu sei in grado di portare la mia parola perchè in te Io abito, sono loro che hanno difficoltà a sentirla, cos'è successo?*".

Marco: Parlavano delle Tue parole. Chi non ha etichette come me dicevano segue il male, solo la Bibbia è Verità, altri scritti e vangeli che non siano della chiesa sono di satana, ho cercato di far aprire gli occhi.

Maestro: *"Conoscono loro Satana"?*

Marco: E' ciò che ho chiesto e ha detto di si, era in uno dei circoli per il suo culto diceva.

Maestro: *"Cos'era satana per costui"?*

Marco: Non credo che lo sapesse Maestro, la figura che la chiesa mostra.

Maestro: *"Solo uno sciocco segue la gente, se essi si buttano dai pendii loro li seguono, l'unica etichetta che l'uomo possiede è quella che l'uomo stesso ha messo, in Verità ti dico che l'Amore del Padre è Libertà e non vi può essere libertà seguendo chi non la conosce".*

Marco: Ho detto appunto che seguo Cristo e il Padre cosa inconcepibile se non sei in una religione.

Maestro: *"Tu sei figlio di tutte le Religioni, perchè esse portano al Padre se comprese".*

Marco: Ne sono uscito addolorato, ma con compassione ho donato loro la Tua Luce.

Maestro: *"Si figlio benedetto tu sia, se costui era entrato in un vicolo cieco, cieco ne è uscito".*

Marco: E' ciò che ho detto e non può guidare altri cechi.

Maestro: *"Io sono venuto per portare l'Amore e il perdono non per portare una religione, Io sono venuto per portare agli uomini la Parola del Padre mio, il Verbo del Padre si fece carne".*

Marco: Ne siamo certi Maestro.

Maestro: *"Figlio capisco il tuo dolore, io continuo a provarlo, ma continua a seguire ciò che la tua Anima ti indica, parla se senti di parlare taci se senti di tacere".*

Marco: Cosi faccio Maestro.

Marco: Il fratello Krishna dice che chi sa non deve turbare la mente degli ignoranti arriverà il loro tempo, oggi con la sorellina ti ho chiamato fratellone.
Maestro: *" Esso io sono per voi un fratello, ma non un boss della malavita, questo è per la sorella, ma so che già ha compreso".*
(Pochi giorni prima Marianna lo aveva chiamato " il boss")

Marco: Si Maestro gia avevo pensato e tu ascolti i nostri pensieri

Maestro: *" E' ancora giovane, ma comprenderà ancora tante cose che ignora".*

Marco: Si ho spiegato un pò a lei cosa sono i pensieri e la loro energia.

Maestro: *" Si, l'energia muove le montagne e ciò che tu pensi, tu attiri".*

Marco: Legge di attrazione o repulsione Maestro?

Maestro: *" Attrazione. Siano dunque i vostri pensieri di Luce, la Luce va a chi la pensa e la tenebra va a chi la pensa perchè attirate ne sono, ecco perchè Io sono venuto a voi, perchè voi mi avete cercato con i vostri pensieri e le vostre gesta, Io sono venuto ora, ma è da tanto che mi chiamate".*

Marco: Mi affidavo a Te ma mai avrei osato sperare tanto.

Maestro: *" Ricordi? Chiedi e ti sarà dato, bussa e ti sarà aperto".*
Marco: Si Maestro.

Maestro: *" Tutto è scritto in ciò che vi ho lasciato, ma loro hanno travisato. Ecco allora le guerre di religione, le bestemmie verso il Padre che avvengono nel sagrato delle chiese che hanno costruito per Lui; ogni luogo è Sacro figlio, non occorre un edificio bene lo sapevano i fratelli, i Padri che eressero chiese per mostrare all'uomo cosa dentro di se doveva fare".*

Marco: In se costruire la casa del Padre.

Maestro: " *Si, perchè Esso venga ad abitare in voi, essi le costruivano dove l'energia era più forte perchè così l'uomo grazie ad essa riusciva a percepire meglio il messaggio scolpito nelle grandi cattedrali, ma coloro che dicono di servirmi ne ebbero paura e fecero diventare la casa del Padre mio un circo".*

Marco: Tu portavi la parola non in ambienti d'oro, ma tra la natura.
 Maestro:" *Si figlio, perchè il Padre in tutto il Creato abita essendo il creato nel Padre".*

Marco: " Con un frammento di me pervado l'Universo eppure ne resto fuori "' se capissero cosa vuole dire.

Maestro: " *Cadrebbe il loro potere sulle menti degli uomini, ma il giorno ormai è vicino".*

Marco: Maestro posso chiederti perchè a noi lo hai rivelato?

Maestro: " *Perchè in voi Io sono e perchè voi mi avete cercato, perchè quando scapperanno come formiche voi parlerete a mio nome, anime pure possedete figlio, segnati foste stati dal Padre mio quando foste nati".*
 Marco: Saremo i suoi umili strumenti.

Maestro: " *Figlio, al momento della tua nascita ti raccontarono successe qualcosa"?*

Marco: No, ma mi dicevano che volevano non nascessi, non conosco neanche l'ora.

Maestro: " *Figlio in Verità ti dico che neanche tua sorella doveva nascere e lei lo sa".*

Marco: Puoi dirmi cosa successe e perchè?

Marianna: è vero Marco io non dovevo nascere, mia madre poteva morire.

Marco: Non lo metto in dubbio, a me dicevano che nasca e muoia cosi mi raccontavano.

Maestro: "*Figlio tu sei nato e ti sei mai chiesto perchè non sei morto? o non ti hanno lasciato morire*"?

Marco: Ora si.

Maestro: "*Vedi il Padre ti aveva segnato e tu dovevi nascere e vivere, questo era il disegno del Creatore*".

Marco: L'ho capito pochi anni fa un poco, ora lo comprendo meglio. Nel 96 quando qualcuno mi fece vedere oltre la vita terrena e mi rimandò indietro perchè non era la mia ora, cosi disse, e poi il sogno del recupero della corona della Madre Celeste.

Maestro: "*I tuoi genitori carnali ti hanno detto perchè poi ti hanno tenuto*"?

Marco: La sorella prima di me era passata di la tre mesi dopo la mia nascita. No Maestro.

Maestro: "*Ecco figlio non volevano tenerti per paura, per egoismo, la paura di perdere un altro figlio era grande, ma tu eri segnato e vivere dovevi e oggi sei qui*".

Marco: Con Te e la sorellina Maestro.

Maestro: "*Si, anche lei non doveva nascere*".

Marco: Faremo ciò che il Padre si aspetta da noi.

Maestro: "*Allora amate*".

Marco: Non ci mancherà la Sua e Tua forza e sostegno.

Maestro: "*Non mancherà*".

Marco: Ne sono più che certo.

Maestro: "*E tu i segni stai cogliendo*".

Marco: Si sto cambiando dentro Maestro lo sento grazie a Te.

Maestro: "*Stai cambiando per te per Me e per l'Amore del Padre che tutto ingloba fratello*".

Marco: Umilmente mi inginocchio a Lui.

Maestro: "*E lui ti abbraccia venite ora con me*".

Marco: Si Maestro.

Marianna racconta ciò che vede e dice: Marco siamo in un deserto su una cima del deserto.

Maestro: "*Ecco figli, Gesù restò quaranta giorni nel deserto. In Verità vi dico che anche voi in esso dovete stare per quaranta giorni e quaranta notti, sai tu figlio il significato del deserto?*

Marco: Meditare sul Padre.

Maestro: "*Si ma non solo*"

Marco: Affrontare anche le tentazioni umane.

Maestro: "*Si figlio*".

Maestro: "*Vedi, le tentazioni per superarle bisogna conoscerle, Gesù le superò perché le comprese. Le tentazioni sono prima di tutto in voi e poi vengono dall'esterno*".

Marco: Si è Verità Maestro.

Maestro: "*Esse appartengono alla parte umana del dio minore, solo così esso può controllarvi per mezzo delle tentazioni. Comprendete dunque che esse sono illusioni e sostate nel deserto per sviscerarle e comprenderle in tutti i loro modi di esprimersi*".

Marco: Lo faremo.

Maestro: *" Il dio minore vi tenterà, ma io al vostro fianco sarò, non potrò consigliarvi, ma la mia presenza vicino a voi sarà, sarete liberi di scegliere".*

Marco: Basterà la tua presenza a darci forza necessaria e la nostra volontà al Bene e all'Amore.

Maestro: *" Si, ma state attenti ai suoi giochi quando una prova supererete io vi istruirò fino alla successiva".*

Marco: Cosi Sia. Confidiamo in Te fratello.

Maestro: *" E io in voi, se tutto supererete la mente non vi attanaglierà più con le sue illusioni e il dio minore in voi sconfitto sarà, ma la strada dovrete continuare a seguire perchè esso non accetta di perdere neanche un'Anima".*

Marco: La nostra è votata al Padre con ferma volontà.

Maestro: *" Bene allora qui sosteremo finchè tutto non sarà compiuto cantate lodi al Padre".*

Marco: Lode e Gloria al Padre essenza di Amore e Giustizia.

Maestro: *" Sia la lode ripetuta e ricordate ci saranno momenti in cui crederete che esso vi abbia abbandonato, ma così non sarà. Abbiate una Fede ferrea, un cuore puro, una volontà d'Amore che sovrasta l'illusione del dolore".*

Marco: Cosi faremo Maestro.

Maestro: *"Vi benedico con voi Io sono e sarò".*

Marco: Noi ringraziamo il Padre per averti mandato e Te per l'aiuto che ci dai, sia sempre benedetto in ogni tempo il Suo Nome.

Maestro: *" Così sia Amen".*

Marco: Cosi Sia Amen.

Dopo questa conversazione tanti interrogativi affollarono la nostra mente. In principio non ci era chiaro il perchè, ma subito la nostra mente corse ai quaranta giorni che Gesù fu nel deserto ed affrontò le tentazioni del dio minore.

Mi venne in mente un libro del Maestro D.K. conosciuto sotto il nome del Tibetano che avevo già letto: " Da Betlem al Calvario" in cui parlava delle varie fasi della vita di Gesù, fasi che ognuno di noi deve ripercorrere sulla strada di ritorno alla Casa del Padre.

Era quindi un momento molto importante per il nostro cammino e su questo eravamo d'accordo con la sorellina. Di certo il Maestro ci avrebbe dato i chiarimenti che riteneva dovessimo conoscere e con questi pensieri andammo a dormire.

Il giorno seguente dopo aver pranzato senza parlare ma quasi interpretando il desiderio dell'altro ci sedemmo uno di fronte all'altro e recitai:
" Che Luce Amore e Potere Ristabiliscano il Piano sulla Terra".

Maestro: " Un abbraccio figli, sia Esso ristabilito".

Marco: Nel cuore della Umanità scenda il Raggio di Amore e di Luce.

Maestro: " Dal punto di Luce nella mente di Dio, al punto di Luce della mente degli uomini".

Marco: Maestro vogliamo essere un punto di quella Luce.

Maestro: " Già voi lo siete anche se per il momento è una Luce flebile, ma in Verità vi dico che con il vostro Amore illuminerete il mondo".

Marco: Per la Gloria solo del Padre.

Maestro: " Essa sia decantata e in voi essa sia esaltata perchè è solo per la gloria Sua che voi compirete ciò che dovete".

Marco: Con Te al nostro fianco ciò avverrà, è il nostro fermo proposito adeguato al Proposito Divino.

Maestro: *" Sia esso rispettato e al Padre innalzato come vostra offerta d'Amore".*

Marco: Abbiamo sete di Lui Maestro.

Maestro: *" Com'è stata dunque la vostra prima notte nel deserto"?*

Marco: Serena e tranquilla per la sorellina non lo so.

Maestro: *" Me ne compiaccio, strani pensieri sono venuti alla mente della sorella".*

Marco: Questo lo so.

Maestro: *" Ma essa anche se con fatica riconosciuti li ha, ha riconosciuto la provenienza dei pensieri e compreso che a lei non appartenevano".*

Marco: Ne sono felice, abbiamo la fortuna di essere sorretti da Te e uno aiuta l'altro.

Maestro: *" Sorretti voi siete dal Padre mio nel palmo della sua mano voi ora risiedete; figlio hai domande da pormi"?*

Marco: Si Maestro chiarimenti.

Maestro: *" Bene siano allora i chiarimenti posti ".*

Marco: Divina Indifferenza, c'è il pericolo che si cada nel cinismo?

Maestro: *" Si esso vi è, la Divina Indifferenza non è egoismo, ma indifferenza verso quanto l'umana mente vostra o dei fratelli afferma è il non prevaricare ed essere prevaricati, è il prendere atto senza giudicare".*

Marco: E' quanto intuivo.

Maestro: *" Ricorda figlio che se l'indifferenza è Divina non può mai cadere nell'egoismo umano perchè l'Anima vostra la mette in pratica non i vostri sentimenti terreni".*

Marco: " Si, Maestro so che mi hai perdonato, ma ogni tanto penso alla mia stoltezza di allora quando inveii contro di Te al capezzale della madre terrena".

Maestro: *" Il dolore di un figlio è compreso dal Padre e la strada che percorre un'Anima non è semplice, l'importante è comprendere e comprendere gli errori".*

Marco: Si lo è per non caderci mai più.
Maestro: *" Certo figlio".*

Marco: Maestro una preghiera: se dovesse accadere come temo il passaggio ad altra vita dei genitori della compagna dalle forza.

Maestro: *" Figlio, il Padre non manca di nulla, dille di aprire il suo cuore a Cristo, dille di credere in Me perchè accanto a lei Io sono".*

Marco: Lo farò.

Maestro: *" La forza che cerca in lei dispenserò".*

Marco: Per lei sarà un brutto momento.

Maestro: *" Lo è nell'umana veduta, vedi, la morte terrena è parte della vita, è il momento più importante della vita di un Anima, gioite dunque, perchè il Padre altre due anime abbraccerà nell'infinito Suo Amore e il loro percorso continuerà nel Padre".*

Marco: Ho cercato di farglielo capire e le sarò accanto in quel momento.

Maestro: *" Vicino a lei tu sarai, vicino a lei Io sarò, perchè in te Io sono, la paura sua forse è quella di non sentire più i suoi genitori terreni"?*
Marco: Si non vederli e sentirli.

Maestro: *" Dille figlio che sentirli ancora potrà perchè legata la sua Anima a loro è, perchè tutte le anime tra loro legate sono nel Padre.*

Potrà continuare a parlare con loro, certo non con il linguaggio umano, ma con quello dell'Amore e loro risponderanno, Io con il linguaggio dell'Amore parlo a voi non con quello umano".

Marco: Certo lo dirò. l'Amore sia la chiave che tutte le porte apre.

Maestro: *" Esso è, tu ne hai la prova, lei sa"* ?

Marco: Di noi?

Maestro: *" Si"*.

Marco: Solo che parlo con uno Spirito di Luce non vuole sapere.

Maestro: *" E cosa pensa lei "?*

Marco: Che forse sono fantasie mie ossessioni.

Maestro: *" Comprendo che la Verità non sempre è facile da vedere perchè spaventa l'umana mente".*

Marco: Si la sua si spaventa.

Maestro: *" Certo figlio perchè la Verità non appartiene alla mente, ma all'Anima".*

Marco: Anni fa pero si commosse, la sorella di sangue faceva scrittura automatica e disse che parlò la mamma e papà.

Maestro: *" Si la sua Anima sentì, figlio finchè non saranno pronti ad accettare non turbiamo le loro menti perchè il momento verrà che turbate saranno molto".*

Marco: Si Maestro.

Maestro: *" E io non sono venuto per portare la Pace la prima volta, ma venni per portare una nuova parola dalla quale molte guerre scaturirono e questo fu allora, dopo duemila anni ancora si combatte".*

Marco: Si Maestro la cupidigia e fame di potere è in molti cuori.

Maestro: *" Si ".*

Marco: Possa il cielo sulla montagna aprirsi sempre più spesso e illuminare col suo Raggio molti pellegrini figli di Dio.

Maestro: *" Si figlio che Amore e Luce indichino la Via ".*

Marco: Ma solo con la sofferenza l'uomo impara la lezione dell'Amore.

Maestro: *" Si perchè la sofferenza zittisce l'umano ampliando l'umano sentire e squarciando il velo che lo divide con l'Anima sua. Prova a guardare, non è forse l'Amore che fa andare avanti gli uomini colmi di dolore? Da dove arriva mai quell'Amore se non dal Padre mio? Il bimbo che nasce dal grembo della madre cerca subito l'Amore dei genitori terreni, come fa egli a conoscere già l'Amore? Se ancora insegnato non gli è stato? Lo conosce perchè dal Padre mio egli deriva ".*

Marco: Cosi è, dalla Sua fonte inesauribile, si Maestro il fiore dona il suo profumo per l'Amore del Padre e noi uomini lo seppelliamo sotto l'egoismo, noi lo bestemmiamo.

Maestro: *" Si gli uccelli nel cielo cantano lodi al Padre mio ".*

Marco: Quale stoltezza cattura la mente umana.

Maestro: *" Quella del dio minore che fu scacciato ".*

Marco: E trova nell'uomo il suo regno.

Maestro: *" Conoscete il dio minore e le cose della terra, solo così conoscerete le cose del Cielo ".*

Marco: Si Maestro e le cose del Cielo noi vogliamo.

Maestro: *" Vi benedico e vi stringo nel mio Amore assieme al Padre ".*

Marco: Siamo grati a Lui e al Suo Amore.

Maestro: *" Che la Luce vi guidi"*.

Marco: Cosi Sia.

Maestro: *"Amen"*.

Marco: Amen

    Il Maestro aveva detto che non avrebbe potuto aiutarci a distinguere e vincere le " tentazioni" ma che sarebbe rimasto al nostro fianco e questo ci dava forza, ma avevamo anche un'altra grande risorsa a disposizione io e Marianna: il legame che univa le nostre Anime.
    Non eravamo soli quindi, ma erano due Anime ad affrontare le prove e potevamo contare sull'aiuto reciproco. Non avevamo segreti, i pensieri di uno erano dell'atro, io cercavo di vedere i suoi da un punto di osservazione e così faceva lei.
    Una cosa pero nascondevamo alla conoscenza dell'altro come se tacitamente fossimo stati d'accordo. Tutti e due avevamo pensato che se eravamo nel deserto non potevamo avere tutto e che quindi un piccolo sacrificio era da fare e scoprimmo in seguito che tutti e due avevamo rinunciato alla stessa cosa.
    Spesso Marianna si fermava e diceva che avvertiva di parlare col Maestro, così trovavamo un posto appartato e pronunciavo le parole che erano ormai diventate usuali.

" Che Luce Amore e Potere ristabiliscano il Piano sulla Terra".

Maestro: *"Con l'aiuto del Padre mio esso avverrà"*.

Marco: A Lui rendiamo grazie. Maestro possiamo chiedere?

Maestro: *" Sempre le vostre domande sono bene accette figli e discepoli del Padre"*.

Marco: Hai detto Tu questo? :

"Quando voi vi sedete in tre intorno a un tavolo tre siete e tre restate. Ma, se una coppia si siederà intorno a un tavolo e mi chiamerà, io verrò tra quella donna e quell'uomo e non saranno più due, ma uno solo!"

Maestro: *" Si figlio, io lo dissi con i miei discepoli per fargli comprendere il Padre mio, che il Padre mio mi aveva mandato. Questo scritto viene confuso con il matrimonio terreno è stato manipolato proprio a loro piacimento".*

Marco: Per loro non sono Tue parole sconfessano tali Vangeli.

Maestro: *" La voce di Dio non è solo quella del mare, ma anche quella del vento, loro sconfessano questi Vangeli perchè qui risiedono gli insegnamenti per gli eletti".*

Marco: Più profondi.

Maestro: *" Vedi la vita che condussi nella terra è più facile adattarla agli altri, ma in questi c'è anche la Vita nel Cielo e non sarebbero riusciti a manipolarli".*

Marco: Si capisco, Maestro tu eri da me quando parlavo oggi all'amico? Sentivo la tua forza.

Maestro: *" Con te Io sono sopratutto quando tu più necessiti e la mia forza si fonderà pian piano nella tua".*

Marco: Grazie dell'Amore che ci dai.

Maestro: *"Voi mi avete cercato".*

Marco: E sempre lo faremo perchè con Te arriveremo al Padre; Maestro come stiamo andando nel deserto?

Maestro: *" Le prove sono iniziate anche per te non solo per la sorella e vedo e sento il vostro sforzo, la vostra Fede e il vostro Amore continuate così e miglioratevi".*

Marco: E' il nostro intendimento: Fede, Devozione, Volontà.

Maestro: *"Figli se un fratello viene a voi e vi chiede mostrami la grandezza del Padre cosa voi rispondete"?*

Marco: Guarda intorno a te e la vedrai.

Maestro: *"Me ne compiaccio fratello e dì anche: guarda dentro di te e la troverai".*

Marco: Si Maestro.

Maestro: *"Se domani qualcuno che dice di essere il figlio di Dio che torna sulla terra vi dice di seguirlo e fa miracoli grandiosi cosa fate voi figli"?*

Marco: Quello che mi dice l'Anima e l'Amore non la forma e lo spettacolo, se sarai Tu non avrai bisogno di dire seguitemi.

Maestro: *"Si figlio, in Verità vi dico che colui che vi dirà io sono è un fasullo e colui che nulla vi dirà, ma agirà sarà colui che seguire dovrete. Sembrano scontate le mie domande forse, ma credimi non lo sono".*

Marco: Si lo so Maestro diffido da chi si auto proclama e si alza sugli altri, lo hai gi detto 2000 anni fa, ma non tutti hanno capito.

Maestro: *"Si figlio e ancora oggi non comprendono".*

Marco: Si Maestro la cecità spirituale.

Maestro: *"Colui che parlerà sarà zittito e colui che non parlerà sarà innalzato al canto degli Angeli perchè in Verità vi dico che grandi prodigi il dio minore sta preparando e voi dovete accrescere l'Anima vostra per poterli superare e riconoscerli".*

Marco: Lo faremo.

Maestro: *"Mirate al canto degli Angeli figli miei perchè il tempo per parlare ancora non è maturato in voi, ma verrà il giorno che esso sarà maturo e come il Padre mio donò discendenza ad Israele così in Verità vi dico vi seguiranno, vi riconosceranno da come vi amerete, vi seguiranno non li deludete; questa frase fin da piccola diedi alla sorella".*

Marco: Tu sarai il nostro esempio a Te ci ispireremo, sei sempre stato con lei.

Maestro: *"Si, ma ancora lei non sapeva, e sempre con te anche guarda indietro i segni e mi vedrai al tuo fianco".*

Marco: So che sempre ho ricevuto aiuto nel bisogno, ma allora ero cieco Maestro e sordo.

Maestro: *"Ora vedi e senti l'Amore del Padre in te e il Padre mio se ne compiace con te".*

Marco: Ed io ringrazio umilmente, voglio solo essere un Suo strumento.

Marianna : Marco ti sta mettendo una mano in fronte .

Maestro: *"Tu che sei figlio del Padre e Padre per i figli che verranno, tu fratello in Dio benedetto sei, attorno a te gli angeli voleranno e ti solleveranno perchè in Verità ti dico che tu assieme agli altri miei discepoli proclamerete l'opera d'Amore del Padre".*

Marco: Sarò l'umile servo del Padre è una promessa davanti a Te Maestro, al Padre e alla sorellina.

Maestro: *"Accetto tu sei figlio nel tuo cuore Io vedo".*

Marianna: Marco c'è una grande Luce che vi avvolge.

Marco: Porterò con me quella Luce tra le tenebre dell'ignoranza.

Maestro: *" Il Signore è il tuo pastore, egli non manca di nulla".*

Marco: Che sia la Luce che illumini la via al Padre, il mio Spirito è in lui si compia sempre la Sua volontà. Cantino i cuori la Sua Gloria in Eterno.

Marianna: Sta sorridendo Marco.

Marco: Lui sa cosa sento.

Maestro: *"Ti dissi che nuove Preghiere sorgeranno. Ecco figlio sia benedetto il Padre che in te parlerà a loro con nuove Preghiere, benedetti voi siate colmi d'Amore per il Padre e per il prossimo vostro abbiate Fede.*
Pace figli di Dio Io vi dono la mia Pace portatela ai fratelli".

Marco: Si lo faremo in nome del Padre del Figlio e dello Spirito.

Maestro: *"Tre in uno, tre in voi e tutti e tre nel Padre. Così Sia".*

Marco: Cosi Sia.

Maestro: *"Amen."*

Marco: Amen.

Marianna: E' uscito da una porta. C'è una porta dietro di te spostata sulla destra marco?

Marco: A fianco? Non materiale ma c'è, ti ricordi che lo chiesi a lui?

Un dolce silenzio e serenità ci avvolgeva sempre alla fine della conversazione con quel Grande e Luminoso Fratello e restavamo cosi finchè la nostra Anima non assaporava la gioia dataci.
Con più lena riprendevamo il cammino e alcuni fratelli si accompagnavano a noi, ma solo per brevi tratti perchè si fermavano a guardare verso ciò che stavano lasciando con un po' di rimpianto, o attratti da giocolieri ed illusionisti dell'ombra acquistavano manuali per una salita facile e senza fatica della montagna. Pian piano stavamo perdendo di vista anche " la sorella col destriero" come il Maestro la chiamava che guardava al passato remoto piuttosto che al presente e speravamo un giorno di rincontrarla.

Marianna mi chiese ancora della porta da cui era uscito il Maestro e le dissi che anche altri due fratelli avevano visto quella porta dalla quale il Maestro aveva detto ti verrà aiuto.

Gli incontri col Grande Figlio di Dio erano quasi giornalieri e quando Marianna si sentiva in forze per poter comunicare.

Quando ero solo e sentivo il bisogno di scrivere una preghiera sul quaderno che portavamo con noi, poi la lasciavo ai piedi di un Crocifisso per la Benedizione e spesso a Marianna lo dicevo il giorno dopo quando insieme la leggevamo e avevo scritto una Benedizione per la casa.

Nel pomeriggio facevamo una breve sosta ed io pronunciavo la chiamata:

" Che Luce amore e Potere ristabiliscano il piano sulla Terra".

Maestro: *" Pace a voi figli miei".*
Marco: Pace a Te fratello di Luce.

Maestro: *" Avete quesiti da porre"?*

Marco: Ho posto ai tuoi piedi uno scritto oggi se ti aggrada per la Tua Benedizione.

Maestro: *" Benedetto è stato, figlio tu parli con il cuore del Padre".*

Marco: " Sento una forza quando li scrivo.

Maestro: *"Si e sempre di più la sentirai".*

Marco: La sorellina non lo ha letto ancora, basterà Maestro a purificare la casa?

Maestro: *"L'Amore purifica tutto e fa rinascere ciò che putrefatto era".*

Marco: Ne sono certo Maestro.

Maestro: *" L'Amore è la tua forza figlio, l'Amore tutto piega e tutto fa fiorire".*

Marco: Fiorisca l'Amore per il Padre nel cuore degli uomini e diventi albero che nessuno potrà sradicare.

Maestro: "*Una volta che nel Padre siete le tentazioni saranno facili da superare perchè la Vera Via avete intrapreso*".

Marco: Maestro posso chiedere?

Maestro: "*Ti ascolto*".

Marco: Tu dici che nel giardino del Padre ci sono 5 alberi io ne conosco solo due, gli altri tre?

Maestro: "*Esiste l'albero della Vita, l'albero della Conoscenza, l'albero dei Miracoli, l'albero delle Intenzioni e l'albero delle Vite che ritornano, essi legati tra loro sono*".

Marco: Attingono a questi alberi solo i figli di Dio liberati?

Maestro: "*L'uomo che si innalza al Padre può attingere, l'uomo che ama il Padre può attingere, quello che voi chiamate illuminato*".

Marco: Si.

Maestro: "*Figlio non v'è Vita senza conoscenza, non v'è Intenzione senza Miracoli e non v'è Pienezza se non si è consapevoli delle vite, dunque l'ultimo può essere anche chiamato albero della Pienezza di Spirito*".

Marco: Capisco Maestro grazie, dacci conoscenza Maestro.

Maestro: "*Chiedete e vi sarà dato; in quello che voi chiamate dna c'è l'imprinting del Padre mio è grazie ad esso che il figlio giunge al Padre per scoprire il segreto dello stesso, l'Anima dovete imparare ad usare, perchè in Verità vi dico che nel Padre tutto è possibile*".

Marco: Ne siamo certi.

Maestro: "*E l'Anima è la porta che conduce ai miracoli, attraverso quello voi potreste guarire senza bisogno di tecnologia perchè il Padre mio tutto in voi ha messo per il vostro sostentamento, scoprite la formula dell'Anima e guarite, lo Spirito già è con voi*".

Marco: La formula è gia in noi basta riscoprirla?

Maestro: *"Si figlio è già in voi nel vostro dna, ma scoprirla potrete solo attraverso l'Anima vostra che legata al Padre è".*

Marco: Vorrei ne fossimo capaci.

Maestro: *"Ascolta fratello in Dio i Padri la scoprirono, i figli di Sion anche la scoprirono, chi compie Miracoli è aiutato dal Padre mio, ma non è del tutto consapevole della formula. Molte tracce hanno lasciato, seguitele e sentite in voi cosa vi inducono".*

Marco: Negli scritti Maestro?

Maestro: *"Anche negli scritti essa è, ma non è visibile agli stolti, ma voi la vedrete se nella strada proseguirete. Ti chiedo figlio, è mutata la tua vita negli ultimi mesi? Hai scoperto o compreso qualcosa che prima ignoravi"?*

Marco: Si Maestro molto grazie a Te, sento che sto mutando il mio essere interiore.

Maestro: *" Si, sento il tuo cuore di fanciullo colmo di gioia quando riesci a collegare tesi con Verità e comprendi che ciò che prima solo credevi è Verità ecco così avverrà".*

Marco: E' vero Maestro conoscevo un pò di Verità, ma non la comprendevo come ora .

Maestro: *"Ricordi quando tempo fa con la sorella, e la sorella sul destriero comprendeste ciò che legava le piramidi alle costellazioni e tu lo trovasti in uno scritto"?*

Marco: Si.

Maestro: *"Non dicesti tu forse alla sorella con il destriero che il tuo cuore era colmo di gioia per la scoperta"?*

Marco: Si.

Maestro: " *Ecco così avverrà*":

Marco: Ringrazierò il Padre allora come sempre per avermi illuminato, la Sua mano mi guida come la Tua.

Maestro: *"Si figlio ricorda, nel dna è il codice e l'Anima è la porta d'ingresso"*.

Marco: Non lo dimenticherò, hai da dire qualcosa alla sorella scrivana?

Maestro: " *Sii serena lei già intuisce*".

Marco: Ne sono felice.

Maestro: *"Un altra cosa, figli miei"*.

Marco: Dicci.

Maestro: *"La sorella con il destriero vi aiuterà a comprendere, come fu allora voi siete triangolo, nel Padre insieme vi arriverete. Che la Pace del Padre mio e il suo Amore continuino ad irradiare i vostri cuori"*.

Marco: Sia esso custodito dai nostri cuori ed alimentato.

Maestro: *"Così Sia"*.

Marco: Cosi Sia.

Maestro: *"Amen"*.

Marco: Amen.

Marianna da più giorni avvertiva un insistente mal di testa di cui non sapeva spiegarsi la causa e mi chiese se secondo me ci fosse un legame con la ricezione dei pensieri del Maestro. Le dissi che poteva essere in quanto il suo cervello si doveva abituare a qualcosa di nuovo e che mentre prima le comunicazioni che riceveva occupavano la sua mente per poco tempo, ora le comunicazioni erano più ampie sia in durata che come contenuti. Come sempre quando volevamo delle spiegazioni o altro il nostro pensiero andava a Lui e così ci fermammo e recitai la solita Invocazione:

"Che Luce Amore e Potere ristabiliscano il Piano sulla Terra".

Marianna ripete le parole del Maestro e dice:
"Per mano dell'unico Dio ciò avverrà, Pace e Amore a voi figli".

Marco: Pace e Amore a te fratello e Maestro.

Marianna chiese: Maestro c'è un motivo per questo mal di testa?

Maestro: " Gli emisferi si stanno unendo e la mente si sta aprendo, il seme che dentro di te è posto sta iniziando a lavorare perchè tu possa innalzare il tuo essere, non preoccuparti tra un pò passerà".
Marco: Le dicevo che era un bel segno.

Maestro: "Si fratello lo è".

Marco: Sono felice per la sorellina.

Maestro: " Il Padre ha posato la Sua Santa mano su di voi".

Marco: Lui da buon Padre sa di cosa abbiamo bisogno

Maestro: "Così è".

Marco: Maestro posso chiedere?

Maestro: " Certo poni le domande che vuoi".

Marco: Grazie; di molti anni della vita di Gesù non si dice nulla, si dice che viaggiò ci puoi dire qualcosa?

Maestro: "Si, gli anni di Gesù fino all'inizio della missione vera e propria furono omessi perchè non rispecchiavano secondo i servi del dio minore la Santità del Padre mio, in Verità vi dico che la Santità *che nell'uomo c'è rispecchiavano, ma essi non volevano che l'uomo diventasse consapevole di ciò.*

Viaggiai con il Padre e la Madre terreni mentre il Padre mio mi teneva per mano e mi mostrava le meraviglie del mondo, mi insegnava attraverso l'Anima mia a parlare con gli animali, con i venti, con tutto il Creato e quando fui pronto iniziai ciò per cui ero venuto".

Marco: In cosa ciò poteva non rispecchiare la santità del Padre?

Maestro: *"Nell'umana esistenza secondo loro. Vedi Gesù era comunque inserito in un contesto di vita terrena, con amici".*

Marco: Certo.

Maestro: *"E loro pensavano nocesse per il loro potere. Pensa fratello se l'uomo iniziasse a comprendere che può divenire come Cristo nel Padre".*

Marco: Lo stiamo facendo noi.

Maestro: *"Esatto, non sarebbe più sottomesso a nessuno".*

Marco: Ma il comprendere tutto ciò porterebbe l'uomo al Padre non lo vedrebbe più come il Padre tiranno.

Maestro: *"Certo e loro questo non lo vogliono, ricorda che la maggior parte di loro servitori sono del dio minore e non del Padre mio e alcuni neanche se ne rendono conto, povera Umanità".*

Marco: Si Maestro pecore dietro falsi pastori che le portano nel precipizio.

Maestro: *"Si figlio, prova a dire a qualcuno: sai tu puoi divenire come Cristo nel Padre".*

Marco: Si Maestro gia fatto mi dichiarai un figlio di Dio e dissero che bestemmiavo.

Maestro: *Stolti ipocriti! Colmi di egoismo! Non vedono il Padre".*

Marco: Ciechi Maestro, ricordo sempre un passo dell'antico commento riportato dal fratello Tibetano.

Maestro: *"Si figlio dimmi"*.

Marco: Un'Anima chiese a un credente di essere guidata, ma la sua era fede cieca e si accorse che non poteva mostrare ad altri ciò che lui non conosceva, il paraocchi gli aveva impedito di aprire lo sguardo.

Maestro: *"La trave nell'occhio figlio"*.

Marco: Si Maestro.

Maestro: *"Figlio hai qualche altra domanda da pormi"?*

Marco: No Maestro.

Maestro: *"Vi dono Pace e Amore, la sorella deve riposare, vi amo e vi benedico Pace a voi"*.

Marco: Si e noi con gratitudine accettiamo il dono. Pace sulla Terra.

Maestro: *"Amen"*.

Marco: Amen.

INVOCAZIONE

Che Luce e Amore Divino scendano sulla terra e
Nel cuore bisognoso dell'uomo disperdano le tenebre
In cui il male vive e confonde le deboli menti umane.
Che il raggio divino del Gran Sole Centrale
Laceri il velo del
l'illusione astrale
Quello strappo che il Cristo iniziò.
Sia pervasa la terra dalla vera conoscenza
Che i maestri donano a tutti i figli di Dio.
Svanisca e sia distrutto tutto ciò che all'Amor è contrario
E nella sofferenza e dolore il figlio ritrovi il Padre
E trovi rifugio in Lui.
Si compia il Piano Divino davanti agli occhi increduli,
si nasconda il male alla Luce di Dio
gioiscano i curi puri
perché essi riconosceranno Colui Che Viene
e insieme cantino l'inno al Padre.
Amen

Capitolo II

Un mese era passato da quando avevamo incontrato il Maestro, un mese durante il quale le Sue conversazioni quasi quotidiane ci avevano arricchito e dato l'Amore e gli insegnamenti che solo un tale fratello di Luce poteva versare in noi. La nostra volontà e proposito di percorrere la strada che riporta al Padre avevano preso nuova forza con la sicurezza che eravamo sul giusto cammino.

Sia in me che in Marianna il desiderio di parlare con Lui era sempre forte, ma secondo il nostro pensiero pensavamo di disturbare il Fratello che tanto ci dava, ma quando sentivamo l'esigenza trovavamo un posto tranquillo in cui fermarci e io facevo quella che era diventata la nostra Invocazione a Lui.

Maestro: *" Pace fratelli luminosi figli di Dio"*.

Marco: Pace a Te Figlio del Padre.

Maestro: *"Sento che molto state lavorando con voi stessi"*.

Marco: Cerchiamo di fare del nostro meglio Maestro.

Maestro: *"Siete nel deserto da una settimana come prosegue"?*

Marco: Si e la sete del Padre aumenta, sete di Luce.

Maestro: *"Esso vi darà da bere. Bevete alla sorgente del Figlio perchè il Padre mio così ha scritto e l'Acqua che io vi do non si trova nell'umano errare, ma nel Divino divenire"*.

Marco: Siamo avidi della sua acqua di Vita e da Te infatti la prendiamo e ce la doni con Amore e di questo ti ringraziamo.

Maestro: *" Venite con me ora"*.

Marco: Si Maestro.

Marianna mi dice ciò che vede: Marco siamo nel solito deserto, ma non più sopra, ma su una duna. Egli si siede per terra e noi con lui incrocia le gambe: e comincia a disegnare a terra qualcosa con il dito, ma non riesco bene a vedere cosa.

  Marco: Dei simboli?

  Marianna: EONE. Aspetta collega dei punti, ti riporto il disegno.
Marco: Ho sognato un qualcosa di simile Maestro.

 Maestro: *"Parlami del sogno figlio"*.

Marco: Su sabbia io e la sorella terrena cosi mi sembrava e davanti a noi gambe incrociate un uomo con un saio dal grande cappuccio, ma che non faceva vedere il volto disegnava dei simboli sulla sabbia.
 Maestro: *"Conosci tu quei simboli"?*

 Marco: No Maestro.

 Maestro: *"Essi a te verranno perchè così è scritto"*.

Marco: Perche non mostrava il volto? E il legame con la sorella?

 Maestro: *"Era la sorella di sangue"?*

 Marco: Cosi la vedevo.

 Maestro: *"Non si può vedere quello che ancora non si conosce, tu vedevi la sorella di sangue, ma lei non era, era una associazione della mente perchè accanto a te c'era si una sorella, ma non lei.*
 Figlio ti dissi che mai ti avrei abbandonato ecco in Verità ti dico che il mio volto presto vedrai scoprendo il tuo".

  Marco: "Avrò questo dono"?

  Maestro: *"L'Amore è la Via seguila"*.

  Marco: Lo farò. Cosa vuoi dirci con ciò che ci hai mostrato Maestro?

Maestro: *"Meditate figli su questo che nella terra ho scritto perchè esso al Cielo conduce, è una immagine che la vostra Anima conosce sarà lei a svelare cos'è".*

Marco: Lo faremo. Ci è stata presentata qualche prova Maestro o ancora no?

Maestro: *"Si presentata è stata e superata anche".*

Marco: Ne gioiamo.

Marianna: Marco apre la mano destra e dentro vi sono tre conchiglie le mette in fila una accanto all'altra.

Maestro: *"Cosa sono figlio"?*

Marianna: Tre conchiglie Maestro.

Marco: Fede, Speranza, Carità.

Maestro: *"Si tre simboli anche, me ne compiaccio, ma tu cosa vedi"?*

Marco: In ogni conchiglia c'è una perla nascosta.

Maestro: *"Si figlio, esse ora sono vuote, ma prima c'era una perla in ognuna, ecco in Verità vi dico l'uomo deve guardarsi come tu hai fatto non vedere ciò che è, ma ricordare ciò che era, ciò che aveva per tornare al Padre mio, siano dunque Fede, Speranza e Carità innalzate al Padre e vissute in voi per ritornare a vedere la perla che giace nel mare vostro".*

Marco: Ho capito Maestro siamo grati al Padre e a te Maestro del dono.

Maestro: *"Me ne compiaccio e il Padre mio con me".*

Marianna: Marco è come se il cielo si aprisse, tre raggi fuoriescono da esso e si posano sulla testa mia, tua e del Maestro, quello del Maestro e grande e scintillante i nostri più piccoli, formano una piramide.

Maestro: *"Aprite i cuori a Dio per la Sua benedizione figli".*

Marco: Maestro essi sono la Sua casa.

Marianna: Ora i raggi entrano sulla testa ed escono da dietro le nuvole del cielo sembrano inizino a correre è tutto veloce il sole cala veloce sorge la luna ora è notte e poi ancora giorno tutto torna normale.

Maestro: *"Ecco il Giorno Nuovo figli, meditate sulla figura e Pace a voi, vi amo e vi benedico"*

Marco: Pace a te Maestro dispensatore di Amore.

Marianna: Marco il Maestro se ne và.

Marco: Ci ha mostrato un Giorno Nuovo.

Marianna: Si e hai sentito il Raggio?

Marco: Un gran calore.

Marianna: Si Marco e l'esempio delle tre conchiglie è stato bellissimo.

Dopo un paio di giorni il mal di testa di Marianna si affievolì e scomparve del tutto e lei si sentiva più piena di energia di prima. Ora procedevamo più spediti e sentivamo sempre meno la stanchezza anche perchè stavamo sempre a scambiarci i pensieri e spesso cercavamo di analizzare i nostri sogni che sapevamo avevano un legame con il periodo nel deserto e con il cammino.
Ci fermammo a riposare e dopo un pò vidi che prendeva il quaderno che sempre portava con se e che scriveva.
Quando finì poco dopo mi disse:
" Marco ti leggo le ultime righe che ho scritto:
" Formule antiche saranno svelate per te e per i fratelli che con gratitudine guardano al Padre".

Poi disse: Marco il Maestro è qui.

Marco: Benvenuto Maestro Pace a Te.

Maestro*: " Sia essa con te fratello, sai che giorno è oggi"?*

Marco: Si il decimo giorno nel deserto 21 giugno.

Maestro: *"Certo e nel vostro calendario il giorno che Noi diciamo della Luce lo identificate con il primo giorno di estate".*

Marco: Non lo sapevo.

Maestro: *"Ecco Io ti dico che questo giorno porta con se grandi doni".*

Marco: Poco fa ho ringraziato il Padre.

Maestro: *"Ma state attenti, perchè in questo giorno si fanno riti anche in nome del dio minore".*

Marco: Noi ci innalzeremo a LUI e opporremo le nostre energie.

Maestro: *"Ascoltate figli, l'Uno che tutto avvolge ammanta su dodici teste il suo potere, ma dei dodici solo tre che stanno in Cielo si affiancano ai 4 che stanno sulla Terra. L'opera di fissazione che dall'uomo porta a Gesù, da Gesù porta a Cristo e da Cristo al Padre, la formula e detta anche coppa traboccante perchè lo Spirito scende su di voi che questo processo avete iniziato".*

Marco: E' nostra volontà quella del Padre che la coppa sia colma e trabocchi

Maestro: *"Così sia, così è".*

Marco: Maestro cosa possiamo fare? Per ostruire le tenebre del dio minore oggi.

Maestro: *"Fate che la Luce sia con voi e che rimanga, essi non vi toccheranno".*

Marco: "Non abbiamo paura perchè il Padre difende i figli, ma perchè altre anime non cadano nell'inganno".

Maestro: *"Si figlio, ma ancora non vi è concesso di interferire"*.

Marco: Cosi sia Maestro.

Maestro: *"In voi l'Universo è, conoscete voi e comprenderete l'Universo, emanazione del Padre siete estensione Sua"*.

Marco: Rendiamo grazie al Padre.

Maestro: *"Sia così in Eterno è perchè in Verità vi dico voi camminate in tutte le epoche perchè Io cammino in tutte le epoche e voi siete con Me nel Padre"*.

Marco: Ci doni gioia e certezze all'Anima nostra.

Maestro: *"Disegni ancora affioreranno e donati vi saranno comprendeteli, l'Anima vostra li conosce"*.

Marco: Maestro una domanda

Maestro: *"Dimmi figlio"*.

Marco: "Il disegno di ieri ha a che vedere con le tavole evolutive del Maestro Tibetano? o delle Gerarchie?

Maestro: *"Esso ha a che vedere con voi"*.

Marco: La nostra evoluzione.

Maestro: *"Si, ecco quello è il Dodecagramma del Padre mio, sia la Luce con voi, vi benedico"*.

Marco: Sia Luce sull'Umanità

Maestro: *"Così Sia"*.

Marco: Cosi Sia

Maestro: *"Amen"*

Marco: Amen.

Il giorno dopo nelle ore più calde della giornata trovammo ombra presso un grosso albero di ulivo e li ci sedemmo a consumare un frugale pasto dopo di che riprendemmo in mano il disegno che il Maestro aveva tracciato sulla sabbia cercando insieme di interpretarlo e capirne il significato con l'aiuto di alcune letture fatte.

Marianna mi guardò con quello sguardo che ormai sapevo cosa volesse dire e chiesi: Il Maestro dei Maestri è già con te?

Marianna: Si certo se vuoi cominciamo, disse.

Si- risposi.
"Che Luce Amore e Potere ristabiliscano il Paiano sulla Terra".

Maestro: *"Sia esso riportato con l'aiuto del Padre mio"*.

Marco: Pace e Luce nel cuore dell'umanità, Pace Maestro.

Maestro: *"Pace a te fratello nella Luce"*.

Marco: Maestro i disegni che dai alla sorellina cerchiamo di capirli credo si tratti del processo evolutivo spirituale, ma più in la non so.

Maestro: *"Si è quello, ma non solo figlio sono formule anche geometriche"*.

Marco: "Del Divino Architetto".

Maestro: *"Si, tu lo dici esso è"*.

Marco: Quindi chiavi di grandi segreti che al momento giusto useremo per meglio servire il Padre.

Maestro: *"Si figlio, si vi serviranno"*.

Marco: Ci puoi dire per cosa più precisamente?

Maestro: *"Per l'istruzione vostra e degli altri".*

Marco: Capito Maestro, posso chiedere una delucidazione?

Maestro: *"Porgi pura la domanda figlio".*

Marco: Si legge: Egli è il pastore che ha lasciato le novantanove pecore che non si erano sviate ed è andato alla ricerca di quella che si era smarrita. E quando l'ha trovata ne ha gioito; perché il novantanove è un numero contenuto nella mano sinistra, che lo conteggia, ma appena è stato trovato l'uno, l'intero numero passa alla destra. Perché questa attira ciò che è mancante: lo prende dalla sinistra e lo passa alla destra, e in questo modo diventa cento. Il 99 contenuto nella mano sinistra.

Maestro: *"La Retta Via è la vera destra".*

Marco: Si

Maestro: *"Un numero simbolico esso è perchè divenendo poi 100 esso è 1 ed è quell'uno che riporta le 99 alla destra uno mancante e uno unico".*

Marco: Grazie Maestro ora è chiaro, Maestro possiamo alleviare le sofferenze fisiche a qualche fratello?

Maestro: *"Riuscite ad alleviare le vostre"?*

Marco: Le mie le porgo al Padre.

Maestro: *"Si figlio, ma per alleviare quelle dei fratelli dovete prima alleviare le vostre, chi ha orecchi per intendere intenda".*

Marco: Si grazie.

Maestro: *"Figlio tu sei Gesù, ascolta il tuo Gesù, divieni Gesù".*

Marco: E' ciò che mi impegno a fare.

Maestro: *"Figlio tu sai cosa è bene e cosa è male"?*

Marco: Ciò che non è volontà del Padre è male, non nel suo Amore.

Maestro: *"Si e tu sei volontà del Padre mio e parte dell'Amore Suo, quando tutto sarà compiuto il male più non esisterà perchè esso non è emanazione di Dio, ecco perchè il Figlio dell'uomo rovesciò le tavole dei mercanti davanti al tempio, il male non esiste, il male è frutto della natura umana, ma voi appartenete a quella divina".*

Marco: Si e ne gioiamo Maestro, forse l'altra notte ho controllato i miei pensieri, ma mi addormento sapendo che sarò vicino a Te.

Maestro: *"Si. Tu lo dici e così è, figlio ti benedico nel Nome del Padre mio del Figlio e dello Spirito".*

Marco: Il mio cuore è pieno di gioia.

Maestro: *"Sia la Luce irradiata nei vostri cuori e trasmessa ai fratelli di buona volontà".*

Marco: Cosi sia per volere del Padre.

Maestro: *"Così Sia. Amen".*

Marco: Amen.

Finita la conversazione come sempre meditavamo su quanto il Maestro ci aveva detto o noi avevamo chiesto e compresi che la mia domanda: "Maestro possiamo alleviare le sofferenze fisiche a qualche fratello? era stata dettata dalla personalità e forse amore di protagonismo, e che nella sua risposta c'era un dolce avvertimento che mi aveva fatto comprendere come sempre più di quanto potessero le parole, così dissi a Marianna:

" Sorellina se contatti il Maestro digli che chiedo perdono per ieri forse la mia era arroganza volevo togliere la piuma dagli occhi dell'altro e non vedevo la trave nei miei occhi".

Come accade spesso Lui ascoltava i nostri pensieri e parole e attraverso Marianna rispose:

"Perdona te stesso perchè già perdonato tu sei".

Marco: Pace a Te luminoso.

Maestro: *"A voi".*

Marco: Posso perdonarmi, ma ciò non toglie il mio pensiero, sarò più attento Maestro.

Maestro: *"Siete sulla strada è normale che ci siano tentazioni mascherate, discerni figlio, ti abbraccio nell'Amore del Divino che tutto penetra".*

Marco: Grazie Maestro e Lode sia al Padre.

Maestro: *"In eterno sia lode. Amen".*

Marco: Amen.

Marco: Ci sono caduto sorellina, ma sarò più attento, tutto il pomeriggio ci avevo pensato.
Marianna mi consolò, come sempre ci davamo aiuto reciproco quando uno cadeva o scivolava l'altro lo sosteneva e lo aiutava a comprendere.

Camminammo per tutto il giorno e a pomeriggio ci fermammo a riposare e Marianna disse:
- Marco sento il Maestro vai con l'Invocazione-

Marco: Faccio l'Invocazione?

Marianna: si.

Marco: Che Luce Amore e Potere ristabiliscano il Piano sulla Terra.

Maestro: *" Sia esso ristabilito dall'Amore Universale che tutto pervade e tutto contiene".*

Marco: Pace a Te fratello nel Padre.

Maestro: *"Pace a voi figli del Padre"*.

Marco: E' Verità ciò che dicevo alla sorella? (Si parlava del Logos Solare e Logos Planetario).

Maestro: *"Si figlio essa è"*.

Marco: Maestro possiamo chiedere?

Maestro: *"Si"*.

Marco: Il Maestro Tibetano dice in un suo libro che sulla croce proferisti le parole: " Grazie Padre per come mi hai glorificato, ma che non si leggono in nessun libro".

Maestro: *"Si perchè Io sono stato immolato per l'Amore del Padre verso tutti i figli Suoi, anche queste celate sono state"*.

Marco: Ma in queste parole c'è l'Amore, mi hanno fatto capire molto.

Maestro: *"Si"*.

Marco: Sempre il solito gioco Maestro?

Maestro: *"Si figlio sempre lo stesso"*.

Marco: Dacci insegnamenti Maestro come lo facevi ai tuoi discepoli.

Maestro: *"Figlio un chicco di grano piantato sulla buona terra...."*.

Marianna: Marco continuo a perdere il contatto c'è qualcosa che mi disturba.

Marco: Non sai cosa?

Marianna: No dipende dalla mia testa.

Marco: Se non ti senti non c'è problema.

Marianna: Ho molta confusione come se le parole si sovrapponessero.

Marco: Si capisco una radio non ben sintonizzata prende più stazioni.

Marianna: Si molte stazioni.

Marco: Marianna fai come credi.

Marianna: ho la testa confusa Marco, aspetta vediamo un momento mi sento aghi in faccia.

Marco: Fai uno sforzo e chiedi il suo aiuto.

Maestro: " *Figlia non preoccuparti è perchè sei stanca, tanta energia stai ricevendo e il tuo corpo non è del tutto pronto a riceverla, riposati vicino a te e al fratello Io sono, ma ora devi riposare. Vi abbraccio e figlio del Padre grazie del lavoro che stai compiendo per la sua volontà".*

Marco: Io Maestro?

Maestro: *"Si tu figlio di Luce".*

Marco: Se tu lo dici cosi è e sono contento.

Maestro: *"Si, la tua Fede vibra e si sente fiaccola diverrai fuoco".*

Marco: Tutto per il Padre.

Maestro: *"Gloria a Dio l'Onnipotente e Pace a voi, Così Sia".*

Marco: Gloria in Eterno e Pace. Cosi Sia.

Maestro: "Amen".

Marco: " *Amen".*

Per alcuni giorni proseguimmo il nostro cammino senza che comunicassimo col Maestro, ma eravamo sereni perché sapevamo che accanto a noi Lui era sempre e che se avessimo avuto bisogno sarebbe intervenuto.

Così un pomeriggio fermatici a riposare Marianna mi disse:
" Fratellone vai con la Invocazione".

Recitai"Che Amore Luce e Potere ristabiliscano il Piano sulla Terra".

Maestro: " *Che Luce sia, in Terra, in Cielo, dentro e fuori di voi*".

Marco: Pace a Te Maestro.

Maestro: *"Pace a voi figli "*.

Marco: Mi sei mancato Maestro anche se a Te parlavo.

Maestro: " *Lo so figlio, ma ricorda con te Io sono e il capo ti accarezzo prima che tu ti addormenti*".

Marco: Grazie dell'Amore che porti Luminoso Fratello

Maestro: *"Voi mi avete accolto, ditemi figli avete domande?"*.

Marco: E sei accettato con Amore e Devozione, si Maestro.
In una tua comunicazione alla sorella dicevi il figlio che aspetti arriverà. Sono io o un altro fratello?

Maestro: *"Tu sei il fratello, il Figlio sono Io: non pronunciai Io quelle parole Sion le diede alla sorella per preparala alla mia venuta, ma tu sei il fratello che con lei cammina"*.

Marco: Infatti in un altro diceva: chi attende per istruirvi.

Maestro: *"Si infatti il plurale fu usato in quella comunicazione"*.

Marco: Maestro c'è differenza tra la Gerarchia e Sion?

Maestro: *"La stessa cosa essi sono solo con due nomi diversi, Sion sono i Padri, la Gerarchia anch'essa sono i Padri, ecco figlio".*

Marco: Lo pensavo ma non ero sicuro.

Maestro: *" Sion i Padri venuti sulla terra che Gerarchia sono divenuti poi".*

Marco: Quelli che chiamiamo Manasputras? da Venere?

Maestro: *"Si dall'Amore, Venere è Amore".*

Marco: Si.

Maestro: *"Voi identificate Venere con il pianeta nell'universo in Verità vi dico Venere è Amore".*

Marco: Cosi ho letto del Tibetano ed è Sacro la sorella mi ha passato i disegni.

Maestro: *"Si vedi tu i simboli?"*

Marco: Si.

Maestro: *"Essi sono Simboli Sacri, ascoltate figli, nelle piramidi essi anche si trovano la porta esse sono".*

Marco: Collegate alle costellazioni, Sirio, Pleiadi e Orione.

Maestro: *"Si e anche nei libri di pietra che costruirono chi cercò di proteggere i miei segreti si trovano".*

Marco: Alla base Maestro c'è sempre la costruzione del triangolo di forza vero?

Maestro: *"Si esso è la forza Generatrice".*

Marco: Capisco tu mi dicesti di costruire il triangolo cuore gola terzo occhio e la strada per l'alto?

Maestro: *"Tu lo dici, esso è perchè in te Io sono, l'Anima tua te lo disse essa legata a Me è"*.

Marco: Ricordo le dolci parole.

Maestro: *"Sia Luce nell'Amore"*.

Marco: Come andiamo nel deserto Maestro?

Maestro: *"Domando figlio hai avuto prove ancora? "*

Marco: Forse una notte, ma non sono sicuro attratto da sesso, ma ho controllato i pensieri.

Maestro: *"Forse la stessa notte della sorella, figlio il sesso va bene fa parte dell'umano"*.

Marco: Si ma non come mi viene presentato credo solo come soddisfazione dei sensi.

Maestro: *"Così è energia in movimento, ma che viene sprecata"*.

Marco: Lo so.

Maestro: *"Quando avvenne?"*

Marco: Circa una settimana fa, ma rifiutai la proposta.

Maestro: *"Capisco e mi compiaccio, anche la sorella è stata provata nella stessa tua settimana"*.

Marianna: Si Marco.

Maestro: *"I morti la cercavano"*.

Marianna: Ho avuto tanta paura Maestro.

Maestro: *"Sei riuscita a vederli e a sentirli non averne di paura con te Io sono"*.

Marco: Maestro l'altra volta la sorella mi ha detto che sei andato via dalla porta accanto a me.

Maestro: *"Si così è stato"*.

Marco: Ora capisco ciò che mi dicesti quando volevo chiuderla grazie Maestro.

Maestro: *"Ancora straziati esseri da te vengono?"*

Marco: No, ma li raccomando al Padre.

Maestro: *"Nulla hai più sentito?"*

Marco: No, prego il Padre anche per loro.

Maestro: *"Grazie alle vostre raccomandazioni essi troveranno la strada che al Padre conduce ecco perchè l'intenzione è importante ecco perchè la Preghiera lo è"*.

Marco: Si Maestro.

Maestro: *"Figli continuate nel cammino, il Padre vi ama e Io con voi per Amore Suo sono . Guardate e comprendete ciò che attorno a voi sta accadendo la confusione della gente nella terra si sta manifestando"*.

Marco: Te lo stavo dicendo Maestro: morte.

Maestro: *"Si, morte e la terra grida, ma ancora essi non comprendono"*.

Marco: Si da la causa alla depressione, ma non ne comprendono il motivo.

Maestro: *"Perchè essi non comprendono se stessi"*.

Marco: Pensa Maestro cosa ho letto: che l'Anima è il covo del vizio e delle cose turpi.

Maestro: *"Il dio minore è costui!"*

Marco: Comunicazioni di un Maestro si chiama e ci cadono come pere questo mi fa piangere.

Maestro: *"Che Maestro è mai costui?"*

Marco: Dice solo che non è il loro Maestro, ma è un Maestro ho chiuso il sito dove era questo libro.

Maestro: *"Tu sai il suo nome?"*
Marco: No, come quelli che incontrai e che mi cacciarono falsi maestri.

Maestro: *"Che l'Anima sua non sia già preda del dio minore perchè nulla Io posso fare se lo è, ricordi ti dissi si auto proclameranno maestri, servi del Padre mio".*

Marco: Certo Maestro fino ad ora con l'aiuto del Padre li ho riconosciuti e smascherati.

Maestro: *"Se gli occhi aperti terrai nessuno ti abbindolerà. Vi benedico e vi amo".*

Marco: Umilmente ti ringraziamo datore di Amore e Luce del Padre, dacci la Benedizione Tua e del Padre.

Maestro: *" Gloria sia nei cieli e sulla terra nel nome del Padre mio".*

Marco: Sempre sia.

Maestro: *"Amen".*

Marco: Amen.

Ci preparammo per passare la notte mentre Marianna mi chiedeva dove avessi incontrato questi fratelli e chiarimenti sulla medianità o scrittura automatica, attraverso cui si manifestano i così detti " maestri" facendo leva sull'ego dei malcapitati che credono di avere dei doni della Luce, ma che altro non sono che illusioni astrali e che spesso portano il malcapitato a diventare schiavo della entità che attraverso il loro braccio scrivono perchè non sanno della pericolosità di tale tecnica di comunicazione.

Così mi raccontò una esperienza di una sua amica che per un bel po' fu perseguitata dalla entità che voleva comunicare quando lei decise di smetterla perchè si era resa conto del baratro in cui stava per cadere.

La mattina dopo ci svegliammo più tardi e Marianna si appartò un poco con il suo inseparabile quaderno sul quale disegnava i simboli che la sua visione percepiva e quasi ogni giorno il quaderno si arricchiva di un nuovo simbolo che cercavamo di interiorizzare e comprendere, cosa non sempre facile e alla nostra portata di discepoli.

Data la calura decidemmo di aspettare un pò prima di metterci in viaggio e chiedere così al Maestro qualcosa relativa ai disegni.

Sedendoci a terra uno di fronte all'altro e dopo un minuto di concentrazione Marianna mi fece segno di pronunciare la chiamata.

"Che Luce Amore e Potere ristabiliscano il Piano sulla Terra".

Maestro: *"Sia esso ristabilito per volere del Padre mio. Pace a voi"*.

Marco: In tutti i cuori sia Luce e Amore, Pace Maestro. Maestro un dubbio mi veniva mentre vedevo i disegni: se cadessero in mani sbagliate dei fratelli neri.

Maestro: *"Codici segreti i disegni sono, i fratelli neri non devono avere questi disegni",*

Marco: Ieri pensavo questo.

Maestro: *"Solo chi degno è deve averli. La sorella sul destriero essa deve averli anche".*

Marco: Infatti ho detto alla moglie di non dare nulla a nessuno.

Maestro: *"I fratelli in agguato sono, ma voi protetti anche siete e prima che giungano a voi ci vorrà del tempo per la loro cieca arroganza e voi intanto farete a tempo di imparare".*

Marco: Con il tuo aiuto e del Padre riusciremo; ci dai Verità Maestro? Facci dono dei tuoi insegnamenti.

Maestro: *"Si ecco la sorella un altro disegno ha, mostraglielo figlia"*.

Marianna: Si Maestro, Marco è venuto ora.

Maestro: *"Ecco figlio hai veduto?"*

Marco: Si Maestro.

Maestro: *"Questo è lo schema di uno dei percorsi"*.
Marco: Si Maestro

Maestro: *"L'energia della spirale scende sulla parte superiore la testa si unisce con l'occhio della visione che a sua volta unito deve essere con il cuore"*.

Marco: Triangolo cuore terzo occhio e settimo cachra salita delle energie che dal Padre nasce.

Maestro: *"Si è la spirale del Padre tutte le inonda"*.

Marco: Maestro posso chiedere?

Maestro: *"Certo figlio"*.

Marco: Il vero significato dei tre 6 il numero maligno.

Maestro: *"Esso è numero di uomo, ciò che viene prima. Due sono le interpretazioni io non vi dirò quali, ma ve le illustrerò: esse legate. Esso è numero di uomo prima che venga Gesù, Gesù è l'anti-Cristo nell'uomo che infine si evolve in Cristo, questo è il percorso dell'umano essere divino, esso però legato è alla massa se la massa non si evolve dal numero dell'uomo e non diviene Gesù; grandi sconvolgimenti verranno perchè l'esterno riflette l'interno, ecco allora l'Apocalisse dell'uomo che nel Cristo rovesciato si evolve sopra l'umana razza perchè carpiti i segreti avrà"*.

Marco: Avevo letto qualcosa, ma volevo sentire Te e le tue parole sono quasi come quelle del fratello Tibetano anti non come nemico ma che lo precede.

Maestro: *"Si"*.

Marco: Grazie Maestro

Maestro: *"Ma ricorda figlio anche la visione più ampia perchè voi tutti siete legati"*.

Marco: Si e a noi altri regni.

Maestro: *"Si"*.

Marco: Maestro tutte le Gerarchie angeliche sono passate dalla vita umana?

Maestro: *"Non tutte"*.

Marco: E' obbligato o no il percorso sulla Terra.

Maestro: *Esso lo è per chi si ribellò, attenzione però con questo Io non dico che voi vi siete ribellati, voi discendete dalla Gerarchia di Sion e siete qui per un compito preciso, state ricordando pian piano"*.

Marco: Al momento giusto faremo il nostro dovere di figli dell'Altissimo.

Maestro: *"Si"*.

Marco: Maestro se qualcuno chiede: chi parla con te cosa diciamo? Chi è il tuo Maestro?

Maestro: *"Io sono emanazione dell'Assoluto, il Verbo si fece carne in me e poi divenne Spirito, Io sono il figlio dell'Uomo, chi credi tu parli attraverso di me?"*.

Marco: L'Onnipotente attraverso il Figlio.

Maestro: *"Tu lo hai detto Esso è, ma ancora essi non devono sapere"*.

Marco: Maestro noi lo sappiamo. Si lo dicevamo con la sorella nulla faremo al di fuori dei tuoi consigli.

Maestro: *"La tua sorella di sangue ti ha chiesto"?*

Marco: No, non parlo da molto con lei. Ho detto al fratello Antonio l'unico con cui parlo un poco che ho un illustre e luminoso Maestro.

Maestro: *"Ti chiamerà, e lui che ti ha risposto"?*

Marco: E' strano Maestro l'uomo tu lo sai, vedeva nei messaggi con il registratore grandi cose, ma nelle mie parole vede poca Verità resta scettico.

Maestro: *"Ti ha detto che non ci crede"?*

Marco: No, non lo ha detto, ci crede forse al cinquanta per cento, è indottrinato dalla Chiesa vede con la visiera.

Maestro: *"In Verità ti dico che il tempo verrà in cui lui crederà"*.

Marco: "Sento la sua Anima buona e bella ecco perchè gli parlo".

Maestro: *"Essa lo è, per mezzo vostro a lui Io parlerò, ma il tempo ancora non è giunto"*.

Marco: Cosa dirò alla sorella di sangue Maestro?

Maestro: *"Tu saprai cosa dire"*.

Marco: Della sorella ho una certa diffidenza sarà mio pensiero?

Maestro: *"Quel giorno ciò che non è vero come sabbia si sgretolerà e ciò che è vero in una Cattedrale d'Amore si innalzerà, Io con te sono e sarò"*.

Marco: Ne sono certo Maestro e in Te ripongo tutto me stesso.

Maestro: *"Figlio mio da quanto tempo non senti la sorella"?*

Marco: Più di un mese, venne qui per la morte della suocera, ma non in casa mia.

Maestro:*" In Verità vi dico fate il possibile per appianare ciò che è tortuoso, tutto quello che fare potete poi verranno loro da voi".*

Marco: Il mio cuore è aperto a tutti puoi sentire se mento Maestro.

Maestro: *"Lo sento figlio tu non menti".*

Marco: E piango per questa carenza di amore Maestro.
Maestro: *"Verrà lai da te, essa sa?*

Marco: No, ma dicevo anche dell'Amore tra gli uomini chiusi nel nostro egoismo.

Maestro: *"E' il dio minore che attanaglia le loro menti, vi benedico nel nome del Padre del Figlio, e dello Spirito".*

Marco: Che la tua Benedizione ci accompagni sempre. Rendiamo grazie.

Maestro: *"Così Sia".*

Marco: Cosi Sia.

Maestro: *"Amen"*

Marco: Amen.

Dopo aver interiorizzato le parole del Maestro e riposato riprendemmo il cammino, ma vedevo Marianna pensierosa, cosi le chiesi cosa occupasse i suoi pensieri.
Mi disse che ripensava a quei tre giorni che sarebbero dovuti arrivare e di cui il Maestro ci aveva parlato.

Le dissi che ciclicamente ciò avveniva per distruggere le vecchie forme e crearne delle nuove, come recitano due versetti del Bhagavad Gita, il Sacro Canto:

*Ogni volta che in qualche luogo degli Universi
I doveri sacri vengono meno
E l'irreligione avanza Io mi manifesto.*

*Discendo di Era in Era per stabilire i
Principi Sacri, per la distruzione di uomini demoniaci
E la liberazione degli uomini santi.*
Versetti 7-8 Cap.IV

Ma Marianna pensava a cosa ne sarebbe stato dei suoi amici e parenti che non avessero scelto la Via giusta, e a come affrontare quel periodo di grande crisi e dolore.

La volevo rassicurare dicendole ciò che sapevo dalle varie letture esoteriche, ma in ambedue c'era il bisogno di parlare con il Fratello che ci portava l'Amore e la Luce del Padre.

Ci fermammo a ristorarci dalla calura estiva e Marianna disse:
" Marco quando vuoi sono pronta".

Dopo un pò di raccoglimento pronunciai le usuali parole della Grande Invocazione:
Che Luce Amore e Potere ristabiliscano il Piano sulla Terra.

Maestro: *" A voi vengo perché chiamato mi avete nel vostro cuore. Qualcosa vi turba figli?"*

Marco: No Maestro siamo sereni. Con Marianna si parlava del giorno che ci hai detto e Marianna mi chiedeva se sapevo già dei tre giorni e accennavo una spiegazione.

Maestro:*" Si. Nel giorno dei tre giorni sarà notte e la notte sarà ancora più oscura".*

Marco: E poi dicevo a Marianna che certamente Tu ci dirai cosa fare.

Maestro: *"Certo così sarà, ma il tempo deve ancora venire e voi nello Spirito dovrete fortificarvi"*.

Marco: Si è quello a cui tendiamo con Volontà e Fede e se il mio piede mi sarà di ostacolo lo taglierò.

Maestro: *"Lo so figlio. Lo vedo nel tuo cuore. Vi benedico fratelli pregate. Nuove preghiere dal cuore vostro nasceranno"*.

Marco: Ti riferisci a quella di oggi?

Maestro: *"Colui che si è perso si ritroverà perché ciò che loda il Padre mio è l'Amore del vostro cuore per lui. Il tempo verrà che voi le diffonderete, benedette sono.*
Vi Benedico, Gloria a Dio Padre Onnipotente in Eterno. Così Sia".

Marco. Grazie al Padre. Lo accogliamo nel nostro cuore, così Sia.

Maestro: *"Amen"*.

Marco: Amen.

Marianna: Marco hai scritto una nuova preghiera?

Marco: Si Marianna, ma breve. Te la leggo.

Al Padre

Padre per il tuo Amore io esisto,
nel tuo Amore io vivo,
del Tuo Amore mi cibo,
col Tuo Amore io cresco,
il Tuo Amore è la linfa vitale,
Sia io o Padre degno del Tuo Amore.

Con questa Preghiera nel nostro cuore e con le parole che ancora una volta ci aveva donato di preparammo per passare la notte.

Marianna: Ciao Marco a domani.

Marco: Ciao a domani

L'indomani riprendemmo il cammino e Marianna mi disse che si era svegliata un po' prima e che un altro disegno le era arrivato e che dopo che ci saremmo fermati per pranzare e riposare me lo avrebbe mostrato perché voleva renderlo più chiaro. Eramo i primi giorni di luglio e da quasi un mese eravamo nel deserto e pensavo che il disegno ci avrebbe dato delle risposte e, giunta l'ora più calda, ci fermammo in una radura sotto un albero a consumare un frugale pasto e dopo Marianna mi mostrò il disegno.
Lo guardammo attentamente e poi dissi ala sorella cosa mi sembrava di vedere, e per avere conferma insieme decidemmo di chiedere al Maestro.
Marco: Che Luce Amore e Potere ristabiliscano il Piano sulla Terra.

Maestro: *"E sia il Piano d'Amore ristabilito sulla Terra in voi. Pace Fratelli in Dio"*

Marco: Pace Maestro portatore di Luce e di Amore, avevo nostalgia delle tue parole, ma ti parlo so che mi ascolti.
Maestro: *"Lo so figlio mio, ma sempre Io sono con te e l'intenzione fortifica lo Spirito".*

Marco: Ho dato la giusta interpretazione al tuo ultimo disegno dove ci sono i sette e i cinque raggi?

Maestro: *"Si illuminato tu sei dalla conoscenza".*

Marco: Con l'aiuto del Maestro Tibetano, spesso è come se un suo libro mi chiamasse.

Maestro:*" Si e tu ascoltalo figlio, abbiate fede perchè la prova finale vi sta chiamando. Dinanzi alle vostre paure più grandi sarete messi, guardatele e abbattetele".*

Marco: Prima che finisca il tempo del deserto?

Maestro: *" Nel tempo del deserto. Maligni esseri vi cercheranno voi scacciateli in nome di Dio Padre ".*

Marco: Lo faremo. L'amica della sorella è una prova per Marianna?

Maestro: *"Essa lo è perché a lei tenderanno"*.

Marco: Lo dicevo ieri alla sorella.

Maestro: *" Si figlio, tu vedi lontano"*.

Marco: Per me mi fortificherò nella Fede e nell'Amore.

Maestro: *" Si figlio anche tu abbi sempre la Fede lucente che ti distingue perchè anche da te verranno"*.

Marco: Se verranno in Pace li saluterò come fratelli, se non sono in Pace li scaccerò in Tuo Nome e del Padre.

Maestro: *" Sorella, Io con te sempre sono, essi verranno a cercarti come già fecero, ma tu hai la forza dell'Amore in Me e nel Padre, non ti toccheranno. Proteggi chi ti è stato affidato"*.

Marco: Maestro posso?
Maestro*:"Si figlio chiedi e ti sarà dato"*.

Marco: Prima di dormire sai che affido a Te la mia Anima per il servizio, ma ieri mattina mi sono svegliato come se fossi stato a scuola. Credo che mi insegnassero a fare un muro di energia o è una mia opinione?

Maestro: *" Insegnato ti è stato e molte altre cose ancora ti attendono"*.

Marco: Ricordo il muro di energia che si deformava, ma non si rompeva.

Maestro*:" Si usalo perchè bisogno ne avrai. Il Padre non lascia i Figli in balia "*.

Marco: Ma è un po' confuso. Sono certo che al momento del bisogno ce la farò.

Maestro:" Si nella mente è confuso nell'Anima è nitido, affidati ad essa. Perché Pace e Amore ritornino sulla Terra sia prima Pace e Amore in voi figli miei".

Marco: Si Maestro.

Maestro:"Scacciare potrete il maligno, ma sia esso prima scacciato in voi".

Marco: Maestro Il fratello Antonio mi diceva ieri che vive in un tumulto interiore.

Maestro: " Ciò che a voi sta capitando, il mutamento che in atto è in voi nella Luce coinvolge chi a voi è più vicino".

Marco: Mi diceva sento il Padre è la parola che mi attira.

Maestro:" Bene il Padre anche in lui sta tornando, è così che la trasformazione della Umanità potrà avvenire, solo così da fratello a fratello".

Marco: Dare Pace e gioia Maestro è una dolce cosa, rallegra l'Anima.

Maestro: " E la nutre, il percorso sarà il suo, ma accanto a lui stai".

Marco: Tu sei la mia Luce e la Via, il pane e il sangue della Vita che il Padre dà.

Maestro: "Si, io sono la Luce e la Via, digli che se mi accoglierà accanto a lui sarò".

Marco: Gli dirò anche chi sei?

Maestro: " Egli già sa, ma il timore ottenebra la vista. Dì che se il Cristo vorrà al fianco accoglierlo dovrà".

Marco: Si Maestro.

Maestro: *"Sai figlio ancora il tempo non è giunto, non occorre ancora che essi sappiano"*.

Marco: Certo. Marianna mi mostrava dei messaggi che dicevano provenienti da Gesù.

Maestro: *" Si quei messaggi onesti sono, il linguaggio usato è quello dei Vangeli ancora criptico, ma non per voi, se voi leggerete comprenderete ciò che scritto è, e un segno per la sorella anche è perché lei ancora dubita per umiltà"*.

Marco: Maestro è che era al di la delle nostre aspettative avere Te come Maestro, si infatti.

Maestro: *" Voi mi avete cercato ed Io sono venuto"*.

Marco: E noi te ne siamo grati e grati al Padre. Maestro non ho compreso chi era il figlio di Dio cacciato dalla sua terra che il dio minore non vuole abbandonare e ora si compiono genocidi.

Maestro: *" Il figlio di Dio siete voi tutti, la moltitudine intesa in uno per farvi comprendere"*.
Marco. Ho compreso Maestro, si avrei dovuto capirlo.

Maestro: *" Non farti cruccio, gia voi molto comprendete"*.

Marco: Abbiamo il Maestro dei Maestri che ci istruisce.

Maestro: *" E in voi esso è, Io sono"*.

Marco: E sai che noi ti accettiamo con gioia.

Maestro: *" La Casa del Padre in voi si ergerà, vi benedico figli di Dio portatori d'Amore verso gli esseri, scenda la Benedizione del Padre"*.

Marco: Siamo umili servitori del Piano e resti la Tua benedizione nei nostri cuori.

Maestro: *" Così Sia"*.

Marco: Così Sia.

Maestro: "*Amen*".

Marco: Amen

Finita la conversazione e dato a Marianna il tempo di riposare un poco le chiesi del sogno e lei me lo racconto. Il suo fine era instillare la paura in Marianna, ma lei era troppo forte e più lo diventava ogni giorno benchè fosse presa dal terrore di ciò che vedeva e il suo coraggio di combattente si manifestava al momento giusto.

Il giorno dopo venimmo a conoscenza che un ennesimo atto di violenza aveva strappato alla vita fratelli innocenti e sentivamo l'aria pesante e opprimente, cosi il nostro pensiero corse al nostro Fratello di Luce e sedendoci su un muretto Marianna disse:
  - Marco se vuoi sono pronta. –

Marco: Che Luce Amore e Potere ristabiliscano il Piano sulla Terra.

Maestro: "*Sia esso ristabilito, ora più che mai abbandonatevi alla Luce figli miei*".
Marco: In lei noi siamo, Maestro Pace a Te.

Maestro: "*Sia Pace in voi fratelli e Amore vi inondi proteggendovi dal rancore e odio che si sta liberando*".

Marco: L'aria ne è pregna si diceva con la sorella.

Maestro: "*Si così è*".

Marco: Cosa ci puoi dire Tu su questo, come possiamo nel nostro piccolo aiutare.

Maestro: "*Già vi dissi che il tempo ormai è giunto, questi sono piccoli tasselli ancora, ma verrà il tempo in cui la vendetta e l'odio ricadranno su tutta l'umanità. Il dio minore sta prendendo il sopravvento. Ascoltate figli della Luce che essa non vi abbandoni! Siate Luce di Amore anche per i fratelli così potrete aiutare il piano*".

Marco: Si Maestro.

Maestro: " *Niente odio, niente vendetta, ma solo Amore che tutto inonda*".

Marco: Una preghiera per quelle anime cui è stata strappata la vita?

Maestro: "*Si figlio pregate e abbiate compassione*".

Marco: Che l'Amore e la Luce del Padre le accolga.

Maestro: " *Anime ancora non pronte per lasciare l'umano mondo erano e questo sangue ricadrà su chi ha commesso l'atrocità*".

Marco: C'è il pericolo Maestro che alcune di esse ingrossino le file dei fratelli neri perchè non erano pronte?

Maestro: " *Dipende da loro figlio mio, dipende dalla scelta che stanno facendo nel mondo invisibile, se saranno ancora attanagliate da sentimenti umani oppure se si abbandoneranno al Padre mio*".

Marco: Di certo il Padre è pronto ad aiutarle, ma come tu dici solo se lo vogliono. Maestro vale accendere un cero come manifestazione esterna della volontà di emanare Luce e Amore?

Maestro: " *Si questa è cosa buona è giusta, ma attenzione sia questo cero pregno dell'intenzione: è l'intenzione che conduce alla Luce, la candela da sola nulla può fare*".

Marco: Di portare Luce e Amore.

Maestro: " *Si*".

Marco: Maestro volevo chiederti una cosa.

Maestro: " *Dimmi*".

Marco: La vibuthi che materializza Sai Baba cosa ci puoi dire?.

Maestro: *"Amore che cura che allevia i mali"*.

Marco: Che uso se ne può fare?

Maestro: *"Nel momento in cui essa si impregnerà in voi usarla potrete ed essa si rivelerà in voi"*.

Marco: Ne ho una bustina accanto al Crocifisso.

Maestro: *"L'hai usata"?*

Marco: Solo una volta ne ho messo un pò nell'incenso benedetto.

Maestro: *" Figlio ricorda che tutto quello che ti serve è in te, ciò che io intendevo non era una cosa materiale era una forza sprigionata dall'Amore"*.

Marco: Capisco e si credo di averla usata, ma non sapendolo.

Maestro: *"Vedi fratello in Dio, materializzazioni ce ne possono essere di ogni genere e tipo, ma sono create, ciò che invece è in voi è eterno"*.

Marco: Si Maestro vero non dobbiamo mai dimenticarlo.

Maestro: *" Voi potreste materializzare tutto ciò che vorreste, ma voi non siete materia, siete Spirito in materia, ciò che Sai Baba fa è aiutare l'Umanità"*.

Marco: Si l'ho sentito sempre vicino a me.

Maestro: *" E per aiutare un cieco prima bisogna fargli vedere e poi insegnare lui a vedere"*.

Marco: Si lui dice : Incarnazioni di Amore, che grandi parole.

Maestro: *" Si figlio, voi siete l'Amore incarnato sulla terra e ricordate che prima dell'Amore umano voi provenite da un Amore più grande che non ha confini"*.

Marco: L'uomo ne ha solo una pallida vista di quell'Amore, basterebbe ne possedesse una sola goccia del vero Amore del Padre; hai insegnamenti da darci Maestro?

Maestro: " *Figlio l'insegnamento più grande è già dentro di te per ora va bene così, vi dissi che attaccati sareste stati, ed ecco che l'attacco del dio minore si fa pesante nell'aria. Cercate di contrastarlo come meglio potete, l'Amore del Padre e del Figlio è con voi, e lo Spirito già su di voi è portate Pace".*

Marco: Resti in noi per sempre e che Luce e Amore scenda nel cuore degli uomini.

Maestro: " *Sia esso Raggio di Sole che squarcia le tenebre".*

Marco: Cosi sia.

Maestro: " *Amen".*

Marco: Amen.

Avevamo atteso con Marianna l'alba di questo giorno per quaranta giorni durante i quali ci eravamo aiutati l'uno con l'altra, nell'osservazione di tutto ciò che intorno a noi accadeva essendo alcune volte coscienti della prova o del suo superamento, ma più spesso eravamo inconsapevoli ed ora eravamo ansiosi di sapere se avevamo superato il "Periodo del Deserto".

Solo pochi giorni prima avevo fatto caso ad una strana cosa, che cioè la fine dei quaranta giorno coincideva con il mio compleanno e sulla Via della Luce ormai sapevamo che nulla succede a caso, cosi chiesi a Marianna di parlare col Maestro.

Lei mi disse che era ormai tempo che io parlassi con Lui, di lasciarmi andare e che mi avrebbe aiutato e cosi entrambi pronunciammo per la prima volta quella che era divenuta Invocazione per la Sua chiamata, restando d'accordo che avrebbe risposto chi di noi due avrebbe sentito qualcosa.
Insieme quindi:
Che Luce Amore e Potere ristabiliscano il Paino sulla Terra.

Io ripetei ciò che credetti di udire nel mio pensiero:
" Questo Sia anche nei vostri cuori. Pace a Voi".

Marianna: Marco resta sereno. Pace a te Maestro.

Io *:" Pace a voi figli"*.

Marianna: Maestro l'ora è giunta per il fratello?

Io: *" Per Lui ed anche per te, superato avete la prova"*.

Marco: Marianna credo che sono io .

Marianna: Marco libera la mente Lui è con te lo sento, ma se non te la sento riproviamo, non voglio forzare.

Marco: Chiedi se era la mia mente o no.

Marianna riporta le parole del Maestro:
" Figlio l'ora è giunta che tu comunichi con Me Io con te sono. Non temere le parole che da te escono sono mie e tue, comprendo il tuo essere spiazzato, ma ricorda che quando parole d'Amore sono e di Verità, Io sono. Tu se in me ed Io in te".

Marco: Questo lo sento molto più di prima ora.

Maestro: *" Prenditi il tempo che vuoi, Io ti aspetto, un Padre non abbandona i suoi figli, ma li attende"*.

Marco: Maestro se tu lo dici lo farò, forse mi sento piccolo davanti a Te, ma sento il Tuo Amore e se Tu mi dici che è l'ora, allora sia cosi e con il tempo e il tuo aiuto migliorerò.

Maestro: *" Si figlio tu sai ciò che scrivi, ecco quello è stato il primo passo, ora comunica perché in Verità ti dico che il tempo è giunto"*.

Marco: Così Sia Maestro.

Maestro: *"Così Sia. Amen"*.

Marco: Amen.

Nel momento in cui pronunciai Amen la mia mente recepì alcune parole come le percepivo quando scrivevo una preghiera e cosi dissi:

" *Il tempo del deserto è passato, ma ora altre prove attendono*".

Marianna comprese che non ero io a parlare. Sì disse.

" *Avete superato e la Luce è ora su di voi in Lei guardate e proseguite, Io, Noi con voi saremo*".

Marianna: Si Maestro grazie.

Io- Maestro: " *Distribuite Amore e Pace, sia l'Amore del Padre dato agli uomini per mezzo vostro, uniti siamo nel Padre. Marco abbi più fede in te, in ciò che sei è ciò che il Padre ti chiede*".

Marco: Sarò il Suo servo fedele Maestro.

Maestro: " *Sia oggi l'inizio di un altro tempo più luminoso. Scenda su di voi la Benedizione del Padre, portatela ad altri fratelli. Così Sia*".
Marianna: Così Sia Maestro.

Marco: Così Sia.

Maestro: " *Amen*".

Marianna: Amen.

Marco: Amen

Marco: Grazie sorellina, forse non è tutto mio ma Lui mi aiuterà.

Marianna: Marco il Maestro era vicino a te, alla tua sinistra e certo il suo aiuto non mancherà.

Marco: Ho ricevuto il regalo più bello.

Per tutto il giorno e il giorno dopo era come se qualcosa di impalpabile mi avvolgesse e volesse emanare Amore così come mi aveva suggerito il Maestro presi il mio quaderno e scrissi:

AI FRATELLI

Benedetto è il sangue che dai cuori sgorga
E bagna l'arido cuore di coloro che ne sono privi,
linfa vitale e Vita Divina esso è che i fratelli donano ai fratelli
perché dal Padre lo ricevono.
Così l'Amore del Padre si espande
rinnovandosi nel Sacro abbraccio Universale.
Fratelli con Cristo in Dio Padre e se Egli in noi vive
Noi in Lui viviamo e la morte sarà sconosciuta
a chi vive in Lui e per Lui.
Porgiamo le mani ai fratelli con le palme in alto, nel dare
e nel ricevere e nell'eterno movimento scopriamo il Padre
poichè ciò che è Suo al figlio lo ha donato.
Gloria al Padre sempre in eterno,
sia il nostro grido che si alza dal cuore,
Gloria al datore di Vita, Gloria al dispensatore di Amore,
e come i fiori si dirigono verso la luce,
così noi figli verso quella Luce apriamo il nostro cuore.
Sia Egli in noi come noi in Lui
Nel Sacro ed inviolabile vincolo dell'Unione Spirituale.
Regni l'Amore, regni la Luce, regni lo Spirito. Così sia.

Capitolo III

Trascorsero circa nove giorni dalla fine del periodo del deserto e da quando avevo seppur debolmente percepito il pensiero del Maestro. Ci avevo provato a contattarlo, ma la mia insicurezza mi bloccava e faceva nascere dubbi in me. Marianna restava in disparte perchè voleva che io ci provassi, lei sapeva che potevo.
Cosi mentre eravamo seduti su un masso a riposare mi chiese:

"Non hai più parlato col Maestro"?

No - risposi- non lo sento.

Marianna riprese: Vuoi che tento io?

Certo –risposi. Così recitai l'Invocazione come era ormai usuale:
" Che Luce Amore e Potere ristabiliscano il Paino sulla Terra".

" *Che la Luce radiosa del Padre mio vi inondi*", rispose attraverso Marianna.

Marco: Pace Maestro e benvenuto tra noi.

Maestro: " *La Pace sempre con voi è ed Io sempre con voi sono. Figlio cosa ti frena dal comunicare con me? Il tempo è giunto.*

Marco: Maestro lo vorrei e come, ma non ti percepisco. Ieri sera volevo ma non ti sentivo.

Maestro: " *Figlio fai tre respiri profondi e chiudi un momento gli occhi. La mia mano sulla tua testa è e l'altra sulla spalla destra la senti? Ora dalla spalla la mia mano si posa sul tuo petto*".

Marco: Si sento un calore al centro del petto sul cuore.

Maestro: "*Apri ora il cuore e senti tu ora la Serenità*".

Marco: Si gioia, commozione.

Maestro: "*L'amore del Padre ti abbraccia, ti purifica*".

Marco: Arda in me con tutta la Sua potenza.

Maestro: "*Libera ora la mente e senti sempre le mie mani su questi punti*".

Marco: Si sento.

Maestro: "*Figlio senza timore e colmo d'Amore ora parla con me*".

Marco: Si Maestro.

Marianna mi chiede: Marco come va?

Bene – rispondo.

Lo senti- mi chiede?

Marco: Maestro quando abbiamo il dovere di intervenire per difendere e quando no senza intervenire nelle scelte degli altri? Quando chi è minacciato non può difendersi?

Maestro: "*Difendi i deboli e innalzati sopra gli oppressori*".

Marianna mi chiede: Marco senti le risposte?

No – le rispondo- sento il calore sui punti di prima e specie sul cuore, ma non percepisco.

Maestro: "*Allenarvi dovrete assieme fino a quando l'incontro non avverrà tra le vostre anime, presto esso sarà*".

Marco: Cosa mi ostacola Maestro?

Maestro: "*Confondi tu l'umiltà con ciò che ti è dato?*"

Marco: Non so Maestro.

Marianna: Marco ti sta abbracciando e dice:

" Ecco tuo fratello Io sono e tu il mio, non temere di confondere ciò che ti appartiene con l'umiltà, Io sono in te e tu in Me".

Marco: Si lo so Maestro e sono felice e certo di questo. Venerdì quando ho scritto credo di averti percepito.

Maestro: *" Sempre con te Io sono e vedrai che col tempo e la vicinanza tutto sarà possibile, la Fede è la tua forza figlio".*

Marco: La mia Fede nel Padre e in Te è stabile e ferma.

Maestro: *" L'Amore del Padre Onnipotente è sceso sulla Terra, ora voi trasmettetelo nella libertà che il Padre vi concede, perchè nulla vi è chiesto senza che voi lo vogliate".*

Marco: Desidero essere un Suo strumento di Amore e di Pace.

Maestro: *" Così è e sarà. Vi benedico e vi abbraccio di Luce fraterna nel nome del Padre, del Figlio e dello Spirito Santo che in voi già è e crescerà".*

Marco : Rendiamo grazie al Padre e la Sua benedizione resti nei nostri cuori e su chi ci è vicino.

Maestro: *"Amen".*

Marco: Amen

Il periodo che viveva la sorellina non era per lei dei più felici a causa del lavoro e la perdita di un carissimo amico e tutto ciò la faceva soffrire e perdere in una certa misura la serenità che le occorreva.
Pensai allora che una conversazione col Maestro le avrebbe fatto bene e le chiesi se se la sentisse di parlare un pò col Fratello di Luce.

Mi rispose che non c'era nessun problema e mentre lei si concentrava io recitai l'usuale Invocazione:
" Che Luce Amore e potere ristabiliscano il Piano sulla Terra".

Maestro: *"Sia esso ristabilito prima di tutto in voi. Pace figli miei".*

Marco: Pace Maestro. Dicesti che dopo il deserto ci avresti istruito su altro.

Maestro:" *Si e questo sta ora succedendo, sia la vostra mente purificata da tutto ciò che la attanaglia e gli insegnamenti riceverete. Parlo per la sorella che sta per cadere in un vortice che non le appartiene. Deve innalzarsi sopra di esso ecco perchè figlio pian piano riusciremo a comunicare meglio".*

Marco: Ne sono certo Maestro, quando verrà da me forse insieme potremo aiutarla meglio?

Maestro: " *Così è. Che la Luce che dentro avete vi inondi d'Amore e inondi il cuore dei fratelli che da voi vengono".*

Marco: Lo faremo Maestro, posso chiedere?

Maestro*:" Certo figlio chiedi".*

Marco: Non è un caso che il periodo del deserto sia terminato il giorno del compleanno, cosi altri fattori come quel raggio che sembrò colpirmi?

Maestro: " *No. Non lo è. Tutto si sta rivelando e una Luce nuova illuminerà il tuo cammino. Sì così è stato".*

Marco: Ciò che ha visto l'amico Graziano è dunque vero?

Maestro: " *Sì lo è. La strada maestra anche esso sta imboccando e aiuto riceverai anche da lui".*

Marco: Vedeva due energie una bianca intorno a me e una gialla dorata nella porta.

Maestro*:" Ciò che è e ciò che entrerà, ecco quello che ha visto, perchè in Verità ti dico che tutto si sta compiendo e il Padre mio vi Benedice, Io vi Benedico e vi amo. La Pace sia con voi e abbiate fede nell'Uno. Così Sia".*

Marco: Grazie Maestro. Così Sia.

Maestro:*"Amen"*.

Tra qualche giorno io e Marianna ci saremmo finalmente incontrati anche fisicamente e non solo negli intenti sulla Via della Luce, perchè lei veniva da me con amici per alcuni giorni e una sera mentre eravamo insieme prese il suo inseparabile quaderno e così scrisse:

I figli si sono ricongiunti, l'amore del Padre in loro ora è completo.

La consapevolezza che nelle loro anime era celata ora sarà Verità. Tutto ora si mostrerà. Pronti ora siete, legati siete stati, siete e sarete. Figli del Padre mio, fratelli di colui che venne sulla terra e decise di rimanervi.

Chiedete e vi sarà dato, bussate e vi sarà aperto, le porte per voi ora non più chiavi avranno, tutte le aprirete perché in voi la chiave avete, la chiave si chiama Amore, in voi risiede da sempre, ma in Verità vi dico che ora consapevoli sarete di essa.

Vi amo fratelli in Dio e vi benedico.

Figlio Marco, possa la tua Luce risplendere sempre e sempre più viva, il Padre al tuo fianco è perché nel tuo cuore alberga la sua casa.
Di a Marco che lo amo e che non abbia paura di parlare con me.
Marco, con te io sono, abbi fiducia, la tua fede sposta le montagne.
Cristina è il tuo specchio, lei Anima dolce dovevi incontrare, con te lei resterà.

Per circa quindici giorni non ci furono conversazioni fino a quando Marianna ricevette questa comunicazione:

Io sono il Figlio del Padre.
orsù dunque svegliatevi o voi, fratelli in Dio
sia la vostra Anima a guidare la vostra mente e non viceversa
il silenzio vi aiuta a meditare, e comprendere la parola,
ma non fate della vostra vita silenzio, anzi, cantate
la Gloria del Padre mio che grazie a Lui in voi si manifesta.
Esseri divini voi siete perchè figli Suoi.
Figli miei cantate l'Amore nella vostra vita
e siate voi anche parte di quell'Amore che dal Padre vostro proviene.
Sia il velo dell'illusione tolto dai vostri occhi,
sia il cuore al servizio dell'Anima.
Padre benedici i tuoi figli,
fa che essi sempre siano retti sulla strada che a Te conduce,
perchè abbiano Compassione, Fede, e Speranza, sia l'Amore
compagno di questo meraviglioso viaggio che a Te conduce.
Amen. Così sia.

A questa comunicazione seguì questo disegno.

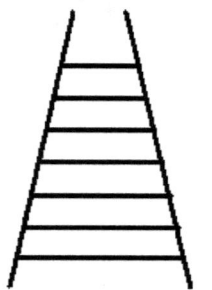

segui la scala
che porta al sole.

Io e Marianna riprendemmo il cammino perchè molto già avevamo oziato, tranquilli e sereni nel percorrere la strada che Egli ci aveva mostrato, tanto che non sapevano più renderci conto se stessimo sempre andando avanti o ci fossimo fermati e l'ozio spirituale era entrato in noi.

Così Marianna mi chiese : Se vuoi facciamo due chiacchiere con il Maestro, è da un pò che non lo sento.

Marco: Se te la senti certo, è un mese quasi.

Marianna: Vai fratellone con l'Invocazione mentre mi concentro.

Marco: Che Luce Amore e potere ristabiliscano il Piano sulla Terra.

Maestro: " *Sia esso ristabilito con l'intelletto d'Amore dell'Anima vostra che al Padre è legata*".
Marco: Pace Maestro che gioia rileggerti.

Maestro: *"Pace a voi figli e fratelli miei in Dio. Noto con piacere che progressi state facendo"*.

Marco: Maestro mi sembra di essermi arenato.

Maestro: " *Da cosa questo scaturisce? No figlio tu stai avanzando*".

Marco: Forse dalla Pace che sento e dal fatto anche che tu dici che posso comunicare e non succede.

Maestro: *"C'è qualcosa che ti preoccupa"?*

Marco: No Maestro la mia fede è più forte che mai.

Maestro: " *La Pace che senti sono anche Io in quella Pace. Tu riesci a percepirmi?*

Marco: No io ti parlo ma non odo.

Maestro: " *Figlio cosa senti nella Pace*"?

Marco: Di essere con Te, mi siedo ai tuoi piedi e aspetto.

Maestro: *" Molti sono i modi per comunicare con me e tu hai il più intimo di essi".*

Marco: Tu mi senti? Questo conta.

Maestro: *" Sento il tuo Amore, il tuo affidarti al Padre e la tua Anima che giorno dopo giorno diviene più pura. Sento quando i fratelli vengono da te per trovare conforto e come tu gli parli, con il linguaggio dell'Amore e della compassione che al Padre mio appartiene".*

Marco: Ho parlato solo con Marianna e i suoi amici.

Maestro: *" Non è poco quello che hai detto".*

Marco: La moglie mi ha detto che ero quasi un altro.

Maestro: *" L'Amore trasmuta".*

Marco: Perchè hai detto che ho paura? Paura io di te? Del fratello che aiuta e porta Luce?

Maestro: *" No tu non hai paura di me, hai paura di sbagliare, di non sentire correttamente, di confondere le tue parole con le mie. In Verità può accadere solo se presti attenzione alla mente e a quello che fai. Ascolta l'Anima come quando scrivi preghiere tutto parte da lì".*

Marco: Questo è vero e le parole delle preghiere nascono spontanee non dalla mente.

Maestro: *" Allora perchè dubiti"?*

Marco: Di te non dubito Maestro.

Maestro: *" Perché dubiti di te"?*

Marco: Perchè Maestro te ne parlo col cuore a volte sento che in me ci sono grandi cose che potrei fare tutto.

Maestro: " *Così è* ".

Marco: Altre invece mi chiedo se non sia il mio ego la parte materiale di me.

Maestro: " *Se nella purezza dell'Amore tu senti questo e lo vivi con gratitudine verso il Padre mio, figlio non può essere ego.*
Ricorda che sei frammento di Dio, pensiero di Dio e per questo tutto in te può avverarsi. Le potenzialità che senti sono donate dal Padre usale non avere paura dell'ego, se è esso che parla tu te ne accorgi".

Marco: Forse l'ho gia fatto Maestro. C'è una piantina dalla quale raccolgo fiori come segno di Amore al Padre e le ho detto che deve crescere rigogliosa ha sempre bei fiori.

Maestro: " *Può dunque l'ego fare questo*"?

Marco: No ma il Padre si.

Maestro: " *Si fratello*".

Marco: Il disegno della scala e del sole era un buon segno l'ho detto a Marianna.

Maestro: " *Esso lo è, ma ancora piccina ella è anche se dentro di se il Verbo del Padre tuona e lei lo sente in una energia che ancora non si riesce a spiegare*".

Marianna: E' vero Marco.

Maestro: " *I tempi matureranno e tutto si compirà anche in lei*".

Marco: Ne sono certo, Maestro posso chiedere?

Maestro: " *Certo per te qua Io sono*".

Marco: Grazie, quale servizio svolge la nostra Anima durante il sonno?

Maestro: " *Essa ricorda e impara nel ricordo mentre insegnamenti nuovi le vengono impartiti*".

Marco: Nelle aule di saggezza?

Maestro: "*Possono essere anche chiamate così, sì*".

Marco: Il vero nome?

Maestro: " *Non hanno un nome specifico, cambiano per ogni cultura, ma esse sono dentro la vostra Anima un microcosmo nel macrocosmo che alimenta il macrocosmo*".

Marco: Maestro quel sogno in cui indossavo uno strano manto e operavo prodigi era un buon sogno o no?

Maestro: " *E' ciò figlio che avverrà se la strada proseguirai figlio mio perchè il Padre in te abiterà, gli uomini operano prodigi quando smettono di pensare a loro stessi*".

Marco: La mia strada è la tua fratello nessun ostacolo mi fermerà.

Maestro: " *Lo so e certo ne sono. La tua aura si è rinforzata è divenuta più grande e molta Luce intorno a te c'è*".

Marco: Ne gioisco con Te e col Padre, più ne ho più ne potrò dare.

Maestro: " *Si e più potrai aiutare. Forse Gesù pensò a se stesso nella sua vita terrena? Ecco perchè ti dico che la Volontà del Padre potranno gli uomini compiere quando non penseranno più a se stessi*".

Marco: E' Verità ciò che dici lo si vede nelle vite dei fratelli di Luce.

Maestro: " *Tutti coloro che in qualche modo hanno aiutato l'Umanità anche solo nel ridare la vista ad un cieco non si sono mai preoccupati di se stessi* ".

Marco: Si mai hanno curato loro stessi ci meditavo l'altro ieri.

Maestro: " *Non hanno curato la loro parte terrena, ma hanno innalzato al Padre mio quella divina*".

Marco: Si ed è anche il nostro volere.

Maestro: " *Ecco in Verità ti dico che questo è il cammino*".

Marco: Seguire l'esempio.

Maestro: " *Se ti abbassi sarai innalzato*".

Marco: Si Maestro ho solo la Fede e il cuore da offrirvi, ma è vostro perchè sia la vostra casa.

Maestro: " *Si. Vai dinanzi al mare ed aspetta là esso ti parlerà, siediti ai piedi di una pianta essa ti parlerà, il linguaggio divino è Uno è quello che tutto unisce*".

Marco: Il linguaggio dell'Amore.

Maestro: " *Si il linguaggio del Padre mio. Vi benedico, vi amo. Andate in Pace e in Pace restate poiché il Verbo in mezzo a voi è disceso e dentro di voi la sua casa edificherà*".

Marco: Rendiamo grazie al Padre e a Te.

Maestro: " *Così Sia* ".

Marco: Così sia.

Maestro: " Amen".

Marco: Amen

Come sempre dopo ogni conversazione, il bagno di Amore che il Maestro ci donava, ci lasciava in uno stato di coscienza molto elevato e finita la conversazione incontrai una sorella che da tempo non vedevo perchè impegnata ad andare avanti anche lei, è vero, ma con lo sguardo rivolto indietro, ma riconobbi in lei una sorella a cui ero unito da un legame che non era umano, cosi presi carta e penna e scrissi parole dettate dall'Anima.

La Luce irradia i fratelli che nel nome del Padre si uniscono,
gioiscono i Fratelli di Sion proiettando su essi il loro Amore.
Tutto si adempie sotto gli occhi del Padre
Che benedice i figli Suoi e pone la Sua Mano sul loro capo,
Figli diletti, sia con voi la Volontà del Padre,
l'Amore del Figlio e l'Intelletto dello Spirito Santo,
ferme sono le vostre Anime nella volontà del servizio
unite sono con voi le Angeliche Milizie
pronte alla lotta per Volere del Padre nostro
a Lui alziamo i nostri cuori e le nostre spade
spade di Fuoco e Luce esse siano,
ma guidate dalla mano dell'Amore
che il Padre in voi ripone.
Si alzi dai cuori puri il grido:
Viva Dio Santo Amore
Viva il Padre,
Viva il Figlio,
Viva lo Spirito Santo
Sia questo il grido che infiamma la battaglia.
Guidati siete e sarete sempre,
Avanti figli, dinanzi a voi guardate la Luce che vi avvolge,
nel nome del Padre del Figlio e dello Spirito
benedetti siete e sarete luminosi figli del Padre.
A Lui aprite il cuore ed Egli con voi sarà nella battaglia e nella Pace.
Pace, Pace, Pace a voi nel nome dell'Altissimo.
Amen

Capitolo IV

Continuava il nostro cammino serenamente, e un giorno due ragazzi che avevo incontrato un po' di tempo prima mi chiamavano e facevano cenno di fermarmi. Chiesi loro cosa li avesse portati da me, e loro mi dissero: " Marco abbiamo bisogno del tuo aiuto".

Mi raccontarono che nella casa succedeva un pò di tutto e che non c'erano spiegazioni a ciò che accadeva, come per esempio cellulari spenti che suonavano o chiamavano, oggetti che lasciati in certi posti erano ritrovati poi altrove, insomma quella fenomenologia che chiamiamo paranormale.

Chiesi loro come e quando era iniziato tutto, cosi il ragazzo mi disse che era stato avvicinato da una donna che aveva " il dono" di vedere coloro che non vivono più in corpo fisico e che siccome il ragazzo aveva avuto un certo problema con una entità questa donna lo aveva portato da una persona che si definiva ed era ed era visto da tutti come servitore del Padre perchè lo " liberasse".

Quando mi raccontò tutto intuii ciò che era avvenuto e che il servitore di Dio (un prelato) con la donna avevano scatenato qualcosa peggiorando la situazione.

Dissi loro che avrei visto cosa poteva essere fatto, di andare in pace e aspettare pregando.

Di questo ne parlavo con Marianna, quando lei mi disse: Marco il Maestro è qui.

Marco: Che Luce Amore e Potere ristabiliscano il Piano sulla terra.

Maestro: *" Sia esso ristabilito e parta prima nei vostri cuori. Pace a te figlio di Sion"*.

Marco: I nostri sono con Te nel Padre. Pace Maestro gia sai cosa succede.

Maestro: *" Si ed è cosa non buona"*.

Marco: Si Maestro, e colui che si definisce servo del Padre poi credo abbia peggiorato tutto.

Maestro: *" Si. Figlio tu sei stato quaranta giorni e quaranta notti nel deserto, molte cose sono avvenute in te in quei giorni, ma la tua mente non le ha comprese tutte mentre la tua Anima si senza che tu neanche te ne accorgessi. Per quanto riguarda questa faccenda cosa vorresti fare tu"?*

Marco: Maestro ho detto che avrei chiesto e aiutati solo se loro lo volessero col cuore, ma tu sai cosa è meglio per me.

Maestro: *" L'Amore è più forte dell'indifferenza e la Luce illumina le tenebre".*

Marco: I due ragazzi mi sono vicini, vorrei vederli sereni con la famiglia, ma nonostante sappiano ricorrono a fattucchiere ed altro.

Maestro: *" Mai più dovranno ricorrere a individui di quella specie".*

Marco: Si l'ho detto e mi veniva da piangere per la loro ignoranza.

Maestro: *" Figlio, tu sei libero, libero di scegliere".*

Marco: Lo so Maestro, ma senza di Te e il Padre la cosa è troppo forte.

Maestro: *" Io con te sono".*

Marco: Lo so Maestro, ma tu dicesti solo se agiscono contro di te e chi chiede aiuto.

Maestro: *" Da te sono venuti Marco. Perché tu lo sai?"*

Marco: La madre ha detto andate da Marco hanno fiducia in me.

Maestro: *" Si. Allora il tuo cuore figlio mio già ha deciso, seguilo perché nulla avviene senza che tu possa superare. Se da te sono venuti significa che il tuo Amore li ha attirati e che in te esiste la soluzione, per mano tua la soluzione può avverarsi per Volere del Padre mio, ma solo per Volere suo".*

Marco: Lo so Maestro posso solo essere lo strumento Suo se vuole usarmi.

Maestro: " *Ricordi la visione che la sorella ebbe quando era con me?*
Marco: Si i demoni.

Maestro: " *Bene, quella visione è anche per te. Per te, con te Io sono figlio mio, tu sai che potrebbero ritorcersi su di te vero?* "

Marco: Si, ma se il Padre mi protegge non ho paura gia lo fece.

Maestro: " *Con te, in te Lui è. Sia fatta la Sua Volontà. Ecco le prove concrete di cui vi parlavo. Figlio vai da loro con la scusa di passare a trovarli. Prima di entrare concentrati su di me e sul Padre, sentiti colmo di Amore*".

Marco: Si ora ne sono pieno.

Maestro: " *Al tuo fianco Io sarò. Quando andrai dillo anche alla sorella*".

Marco: Si.

Maestro: " *Entra nella casa pronunciando queste parole:* **Vengo nel nome del Padre**. *Sia questa frase ripetuta come inno d'Amore dentro di te*".

Marco: La dico spesso quando vado in una casa.

Maestro: " *Bene. Quando tu pronuncerai questa frase, non tarderanno a farsi sentire. Sia la tua Fede come roccia, niente deve scalfirti, l'Amore del Padre è con te e se il Padre è con te chi potrà toccarti?* "

Marco: Nessuno.

Maestro: " *Nessuno. Poi dì all'Anima che in quella casa è stata attirata che vieni nel nome del Padre e che quello non è il suo posto che quella casa deve lasciare per tornare da dove è venuta.*

Che Dio, Padre Onnipotente con il Suo Amore è più forte di qualsiasi essere, che Egli gli comanda di andarsene".

Marco: Si Maestro.

Maestro: *" Il Padre gli comanda di andarsene, ripetilo per tre volte in nome del Padre del Figlio e dello Spirito Santo".*

Marco: Maestro la benedizione della casa che ho scritto la recito dopo con tutta la famiglia?

Maestro: *"Si. E da quel momento in poi spalanchino le porte del loro cuore a Dio e a Cristo perché solo loro alberghino in quella casa e mai più nessun servo del dio minore vi entri. Ammoniscili nell'andare ancora da maghi perchè la loro scelta sarà allora recidiva".*

Marco: Si lo so Maestro gia successe nell'altro caso, farò come dici se vedrò se la richiesta viene dal loro cuore ed è sincera.

Maestro: *" La ragazza ha rapporti con la sua famiglia?"*

Marco: Ogni tanto va dalla madre che è plagiata dallo zio e da un amico che due fratelli videro come servi del dio minore. Diego lo vedo più forte, ma ha bisogno di essere guidato.

Maestro: *" Si. Vadano ragazza e ragazzo dalla madre tenendosi per mano, Io sarò con loro".*

Marco: Si Maestro lo dirò.

Maestro: *" Ma solo dopo che tutto sarà compiuto come il Padre mio vuole che sia ".*

Marco: Si.

Maestro: *" Pace fratello e se necessiti invoca il mio nome comunque sempre con te Io sono".*

Marco: Si Maestro sicuro ne sono.

Maestro: " *Così Sia*".

Marco: Così sia.

Maestro: *"Amen"*.
Marco: Amen.

Avevamo deciso con Marianna che lei mi avrebbe atteso sulla via mentre io sarei andato a casa dei ragazzi secondo i consigli che il Maestro mi aveva dato. Cosi prima che io andassi ci sedemmo un po' a riposare e Marianna mi chiese come stavo, quale era il mio stato d'animo e le risposi che ero sereno e calmo, ma che avrei accettato un po' di forza che il Maestro poteva darmi e se se la sentiva di stabilire il contatto con Lui.

Certamente - rispose Marianna - procedi con l'Invocazione mentre io mi concentro.

Marco: Che Luce Amore e Potere ristabiliscano il Piano sulla Terra.

Maestro: " *Sia esso ristabilito, e voi siate coloro che cooperano per volere del Padre mio, pace fratello*".

Marco: Cosi sia secondo la Volontà del Padre, pace Maestro. Tra due ore andrò a trovarli Maestro.

Maestro*:" Lo Spirito è con te, ambasciatore del Padre mio sei tu, il Figlio ti accompagna e accanto a te resterà"*.

Marco: Ne sono certo Maestro, sento un calore in tutto il corpo, ha a che fare con ciò che devo fare?

Maestro: " *Lo Spirito è con te, su di te, in te e tu ora lo percepisci. E' l'abbraccio d'amore che il Padre mio ti dona*".

Marco: E' Lui che ringrazio. Maestro devo portare qualcosa con me da lasciare a loro o no?

Maestro: " *Poichè tu non vacilli, ecco il Suo Amore, il tuo Amore è la cosa più importante, sia una candela lasciata a loro, bianca come la Luce, che la sua fiamma irradi l'oscurità e la faccia svanire*".

Marco: Grazie Maestro per la conferma gia la presentivo infatti avevo pensato di accenderla per la benedizione e poi lasciarla li.

Maestro: " *Si che resti accesa finchè da sola non si consumerà, il Padre per mano tua benedirà la candela, invoca la Sua benedizione su di essa*".

Marco: Si lo faro con tutto il cuore.

Maestro: " *Lo so, lo sento*".

Marco: Ringrazio il Padre per la prova che mi concede.

Maestro: " *La tua devozione è molto grande figlio e la tua fede anche, il Padre ti ama*".

Marco: Gli offro ciò che ho, Lui mi da e ha dato tanto a me.

Maestro: " *Egli sa di cosa necessiti*".

Marco: Ne sono certo.

Maestro: " *Siano dunque ora messe in pratica le parole che assieme abbiamo proferito, so che la tua fede non vacillerà la paura è una parola che l'Anima e i figli di Dio non conoscono non averne*".

Marco: No mai, se il Padre è con me chi oserà?

Maestro: " *Nessuno*".

Marco: Nessuno, solo la Luce e il Suo Amore potranno essermi vicini e Tu fratello.

Maestro: " *Porta la Luce in quella casa e in quei figli, si Io con te sarò*".

Marco: Lo farò . Maestro la preghiera che con la sorella abbiamo scritto è stata benedetta?

Maestro: *" Già lo è stata mentre la scrivevate, assieme lo avete desiderato e doppia potenza essa ha".*

Marco: Si una riga ciascuno infatti è stato bello.

Maestro: *" Agli occhi del Padre, è un raggio di Luce".*

Marco: Siamo felici di renderlo contento di noi nel nostro piccolo.

Maestro: *" Certo ne sono, cercate di renderlo sempre più contento nella libertà che vi è concessa".*

Marco: Sarà il nostro impegno.

Marianna: Momento Marco.

Marco: Si.

Maestro: *" Ed ora la benedizione".*

Marianna: Marco è vicino a te ha il pollice destro al centro della tua fronte e dice:

> *" Che la Benedizione del Padre mio su di te scenda,*
> *che la milizia celeste ti protegga*
> *se inconsulti esseri dovessero provare a sfiorarti*
> *sia Michele accanto a te,*
> *ti benedico nel nome del Padre del Figlio e Dello Spirito*
> *vai in Pace fratello e rallegrati il Padre ti ama! "*

Marco: Rendo grazie al Padre e a Te.

Maestro: *" Così sia".*

Marco: Così sia.

Maestro: *" Amen".*

Marco: Amen

Ero colmo dell'Amore di Dio e del Maestro , la mia Anima gridava di gioia per avere bevuto alla Divina fonte l'acqua della vita divina ed era come se fossi al centro di un fuoco e una forza e una determinazione mai conosciute mi avevano preso.

Così in quello stato di coscienza mi avviai verso la casa dei ragazzi.

La sorella mi attendeva con ansia e quando mi vide di ritorno dopo un lungo abbraccio, ci sedemmo su un muretto che costeggiava la via e le dissi che tutto era andato così come il Maestro aveva detto e che se voleva potevamo chiedere al Maestro se tutto fosse andato come doveva andare, cosi pronunciai l'Invocazione mentre Marianna si concentrava e come sempre la Sua risposta non tardò a farsi sentire:

Maestro: *" Sia la Luce la vostra guida, l'Amore la vostra certezza e il Potere la vostra saggezza, pace fratello".*

Marco: Pace Maestro nell'Amore del Padre.

Maestro: *" Sei sereno?"*

Marco: Si molto. Anche ieri sera lo ero dopo aver adempito al compito.

Maestro: *" Mi compiaccio di ciò, al tuo fianco Io sono stato".*

Marco: Si dicevo alla sorella di ciò.

Maestro: *" Lo Spirito ha parlato per mezzo tuo, in te è disceso".*

Marco: Sono certo che la Luce abbia preso i loro cuori, ma Tu puoi vedere meglio di me.

Maestro: *" Preghiamo il Padre perchè la strada da loro intrapresa rimanga questa".*

Marco: Si lo farò. Maestro il ragazzo ha qualcosa che non riesco a vedere bene, come guidare.

Maestro: *" Egli ha doni, al momento giusto egli verrà da te e tu lo guiderai, saprai quale strada mostrargli"*.

Marco: Lo avevo intuito ma si manifestano astralmente per ora. La Via è solo quella del Padre se ne sono degno.

Maestro: *" Si figlio, tu lo sei, ma presto è ancora per lui. E' stato inquinato si deve purificare"*.

Marco: Fu la prima cosa che gli dissi un anno fa per primo i pensieri.

Maestro: *" Si"*.

Marco: Maestro ora so il dolore che il Padre e Tu provate, un pò lo sento anche io.

Maestro: *" Si fratello e sempre di più lo sentirai"*.

Marco: Quando chi si dice tuo servo non lo è.

Maestro: *" Come se un figlio si rivoltasse contro il Padre e lo uccidesse"*.

Marco: Per 13 denari.

Maestro: *" Si figlio, questo è quello che il Padre prova"*.

Marco: Da rabbrividire Maestro, messe per i defunti in cumulo a tot euro l'uno.

Maestro: *" Lo so, e ancora peggio è ciò che fanno di nascosto"*.

Marco: Possa la misericordia perdonare loro.

Maestro: *" Guardati da loro, la misericordia è per chi si pente ed essi hanno un altro dio: loro stessi. Fratello questo è nulla, i riti che fanno sono pericolosi, la Mia casa, la casa del Padre è divenuta un'orgia di mercanti e non più starà il Padre a vedere, si auto distruggeranno"*.

Marco: Si cosi è Maestro posso immaginarlo, spettacolo indegno. Sia fatta la Sua volontà a lei noi ci rimettiamo.

Maestro: " *Si* ".

Marco: Maestro con la sorella parleremo di te domenica.

Maestro: " *Si, vuoi chiedere qualcosa?* ".

Marco: Tanto Maestro, ma per ora mi basta sapere se ho svolto bene il compito questo per me è la gioia.

Maestro: " *Così è figlio, ciò che doveva essere fatto lo è stato* ".

Marco: Bene. Una cosa Maestro i cataclismi che stanno accadendo sulla terra non credo che colpiscano a caso.

Maestro: " *No c'è un disegno ben preciso, ma non è stato voluto dal Padre mio è stato voluto dagli uomini, la libertà di scelta c'era, ma hanno scelto il dio minore. Si figlio, la parte più grossa ancora deve arrivare, ma arriverà già ve lo dissi* ".

Marco: Si e anche la data che a nessuno abbiamo detto.

Maestro: " *A chi degno ne è potete rivelarla a chi con voi è fratello con me nel Padre e dite loro di non temere nulla li toccherà, ma con voi ricostruiranno* ".

Marco: So che sarai con noi per meglio portare aiuto fede e conforto.

Maestro: " *Si sempre lo sarò* ".

Marco: E noi con Te e col Padre.

Maestro: " *Tu sai a chi puoi dirlo il tuo cuore lo sa* ".

Marco: Va bene.

Maestro: *" Si innalzino ora i vostri cuori, cantino lodi le anime vostre, Io vi benedico servi del Padre mio, nell'armata della Luce che in terra è vi seguiranno".*

Marco: Gloria al Padre sarà il nostro canto e grido.

Maestro: *" Gridate e cantate agli uomini il Suo Amore, quando il tempo giungerà essi vi seguiranno vi riconosceranno da come vi amerete".*

Marco: Lo faremo con la forza del Padre del Figlio e dello Spirito.

Maestro: *" Così Sia, Pace a voi fratelli".*

Marco: Pace Maestro, Così Sia.

Maestro: *" Con voi Io sono sempre, così è".*

Marco: E noi con Te.

Maestro: *" Alleluia Alleluia".*

Marco: Alleluia, gloria al Padre negli universi.

Maestro: *" Così Sia".*

Marco: Così Sia

Maestro: *" Amen".*

Marco: Amen.

Vi sono dei momenti nella vita del discepolo e lungo il percorso sulla Via che riporta alla casa del Padre, che tutti dobbiamo affrontare e sono dati dal dubbio e dalla paura.

Ogni dubbio che viene sconfitto dà vita ad un altro, ogni paura ne crea un'altra, paura di non farcela, paura di cadere e non rialzarsi, paura di fare cadere con te coloro che sono i tuoi fratelli.

Queste sono le armi pericolose che il dio minore usa nella mente e portano il discepolo in uno stato di confusione e proprio in questo stato trovai piangente la sorella alla quale mi accompagnavo.

Intuivo che le mie parole poco avrebbero pesato per disperdere i suoi dubbi e paure cosi avevo chiesto l'intervento del Maestro senza dirle nulla.

Così parlo Marianna: " Marco sai il Maestro mi ha appena abbracciata e sto piangendo".

Marco: Lo avevo chiamato in tuo aiuto.

Marianna: Grazie, mi sta parlando

Marco: Bene sono felice. Pace Maestro.

Maestro: *" Pace a te fratello".*

Marco: Hai udito il mio grido.

Maestro: *" Io sono in te e tu in me. Marianna non temere, sono sempre con te, non perderti in inesistenti discussioni demagogiche che ai figli di Dio non appartengono, ciò che a Lui appartiene è la Verità e l'Amore. Tu appartieni a lui fin dalla tua nascita, in te c'è il Padre mio e Io con Lui, nulla può separare ciò che Dio ha unito nel suo nome nessuno ti toccherà mai abbi fede".*

Marco: Il vento del male soffia il dubbio in lei.

Maestro: *" Si fratello, loro la sentono e la vedono sanno che ancora è giovane hanno paura che cresca per questo fin dalla tenera età è stata sottoposta a subdoli attacchi. Loro sanno chi è, ma io mai l'ho abbandonata gli attacchi dovevano avvenire, dovevano esserci per comprendere la sua natura".*

Marco: Lo comprendo Maestro.

Maestro: *" State vicini figli ora più che mai, continueranno sempre più duramente finchè in lei non si risveglierà l'Emanuele, allora inizierà ciò per cui è stata mandata."*

Marco: Le sarò sempre accanto con tutto me stesso.

Maestro: *" Lo so fratello, so che tu e il cavaliere l'avete molto a cuore così era scritto che dovevate incontrarvi".*

Marco: E insieme riprendere il cammino.

Maestro: *" Si, ma non da soli, con Me al vostro fianco perchè in Verità vi dico che non più ci saranno Marco, e Anna, ma il Cristo rivelato in voi e per mezzo vostro in molti altri il Cristo si rivelerà.*
Pace fratelli, andate in pace e restate nella pace, il Padre mio vegli su di voi".

Marco: Grazie fratello nel Padre, vivi nei nostri cuori insieme a Lui e noi in Te e in Lui.

Marianna: Grazie Maestro. Grazie Marco che lo hai chiamato.

Marco: Sentivo che le Sue parole potevano fare più di quante io potessi dirne.

Marianna: Hai fatto tanto.

Marco: Non ho fatto nulla se non starti vicino come tu lo sei con me. Se uno zoppica si sostiene all'altro è l'Amore che deve unirci, il sostegno reciproco e sopratutto il Suo.

Per tre giorni io e Marianna procedemmo ognuno per conto suo perché sentivo il richiamo di un posto dove dovevo incontrare delle persone e il terzo giorno poi io sarei andato a casa sua. Incontrai degli altri fratelli e sorelle che come me erano in cammino sulla Via del ritorno, ed una sorella in particolare che appena mi vide mi si avvicinò sorridendo e subito si stabilì tra noi una dolce comunione e ci scambiavamo le nostre speranze ed esperienze. Era ormai il secondo giorno che ero li e l'indomani avevo detto a Marianna che sarei stato da lei e avevo chiesto se qualche fratello facesse quella strada, ma non avevo trovato nessuno che mi desse un passaggio. Cosi mentre da solo pensavo a come raggiungere Marianna l'indomani, mi si avvicinò uno di coloro ai quali prima avevo chiesto e mi disse:

" *Non avere nessuna preoccupazione, domani ti ci accompagno io con l'auto, a che ora vuoi partire?*

Ci mettemmo d'accordo, e così si era risolto il problema di andare da Marianna. Un grazie Maestro mi uscì spontaneo.

L'indomani ero a casa di Marianna e appena fummo da soli chiamammo il Maestro nel solito modo:

Marco: Che Luce Amore e potere ristabiliscano il piano sulla Terra.

Maestro: " *Sia esso ristabilito dalla inequivocabilità dei vostri gesti, dalle vostre azioni, dalle vostre parole, per la Luce nella Luce* ".

Marco: Pace Maestro.

Maestro: " *Pace a te fratello in Dio* ".

Marco: Come vedi siamo insieme con la sorella e insieme cerchiamo di portare un po' di Luce nel mondo.

Maestro: " *La Luce che al Padre mio appartiene è già in voi e voi fiamme siete tornate per portare l'Amore nel mondo* ".

Marco: Maestro noi rendiamo grazie a Dio e a Te per il tuo aiuto e per il vostro Amore.

Maestro: " *C'è qualcosa dunque che ti assilla?* "

Marco: No Maestro nessun assillo, solo il voler fare di più di quello che faccio e per quelle che sono le mie possibilità.

Maestro: " *Tu già molto fai rispetto a quelli che non sono...*:

Marco: Di questo rendo grazie a Te e a Dio che mi date l'opportunità e per le prove a cui mi sottoponete.

Maestro: " *Siate dunque voi portatori di Luce e di Amore nelle case dei fratelli in cui andrete perché molte porte vi saranno aperte, in umiltà agite, il Padre mio è con voi ed Io anche sono con voi* ".

Marco: Lo so Maestro che tu sei in noi e noi in Te e insieme nel Padre ed è per questo che abbiamo bisogno del tuo aiuto e del Vostro Amore che voi riversate in noi e noi sui fratelli ed è questo il nostro servizio alla umanità, a Te e al Padre.

Maestro: *" Dunque la Via è stata aperta"*.

Marco: Possiamo Maestro procedere io e Marianna con la Tua assistenza, secondo quanto mi hai ispirato, alla benedizione della casa?

Maestro: *" Per questo tu sei venuto e per incontrare la sorella, perchè il legame che tra voi esiste non sia spezzato. Insieme in Verità, questo era gia previsto, voi la casa dovete benedire perchè ritorni la serenità in essa perchè troppe energie che il Padre non hanno glorificato sono passate... perché essa di nuovo rivolta alla Luce sia, più fredda sarà l'energia, ma volta al Padre mio e tutti coloro vi entrano e tutti coloro che vi entreranno sentiranno la potenza del Padre"*.

Marco: E questo faremo Maestro nel rispetto dell'Amore verso Te e Dio e tutti coloro che entreranno in questa casa assaporino l'Energia del Padre, sia questa la casa dove l'Amore di Dio è conosciuto, dove è dato ai fratelli. Maestro quella persona, quella donna che ho incontrato e che a me si è avvicinata parlandomi dicendo di avere visto in me qualcosa sai dirmi qualcosa di questa donna?

Maestro: *" Dodici sono le stelle che circondano la tua testa, la donna che hai incontrato di nuovo incontrerai, essa volta alla Luce è ed per quello che si è avvicinata, le persone che hai incontrato di nuovo incontrerai"*.

Marco: Maestro tu mi stai dicendo che ciò che lei ha visto ieri era giusto .

Maestro: *" Dodici sono le stelle"*.

Marco: Lei mi disse ridendo: - vedo intorno a te delle stelle - non sapevo come prenderla e dissi se le vedi un motivo c'è, se poi sia vero o no non sta a me dirlo.

Maestro: *"Il significato delle stelle tu scoprirai perchè in te esso è racchiuso N. 12".*

Marco: Maestro resto al servizio del Padre e della Umanità e col tuo aiuto molta Luce possiamo portare io e la Sorella e se a noi si unirà la sorella col destriero il triangolo sarà completo e allora potremo fare molto di più di quello che facciamo ora, ma sempre guidati dal Padre nostro e da Te, da te assistiti, da te vigilati e da te protetti.

Maestro: *"Tu senti quando io ti parlo?"*

Marco: Sento soltanto una enorme dolcezza ma non le tue parole

Maestro: *"Energia?"*

Marco: Sento dolcezza, serenità, amore quando io parlo con i fratelli e cerco di portare aiuto e so che spesso le parole non sono mie le attingo da una fonte.

Maestro: *"Prezioso strumento tu sei nelle mani del Padre mio, molte persone a te verranno, molte a te conforto cercheranno, tu figlio innalzi lo stendardo del Padre mio sulla terra, sia dunque questo ciò che darai a coloro che verranno la Liberta del Padre mio".*

Marco: Spero Maestro di avere portato insieme a Marianna un pò di conforto alla madre di Emanuele.

Maestro: *"Grandi cambiamenti in essa stanno avvenendo, grande lo sforzo che essa ha fatto. L'amore del Padre mio con lei è e a tutti coloro che a lei si rivolgeranno, perchè molti padri e molte madri da lei andranno".*

Marco: E' questo Maestro che ci rende contenti e felici: agire nell'armonia della legge del Padre, questo vale ai nostri occhi più di mille ricompense ed è quello a cui noi aspiriamo, operare per il Padre.

Maestro: *"Sia dunque l'Amore la vostra strada, sia lo sguardo rivolto verso il Padre, la Vita in Lui è esiste e nasce, creati da Lui voi foste, mandati sulla Terra perché in voi anche si compia il disegno del Padre mio, tutto è in Lui in tutto Egli è, e su di voi egli sarà sempre".*

Marco: Maestro sento una strana forza dentro: la Tua e quella del Padre quando mi accingo a fare determinate cose, sento nelle mie parole la forza che viene dal Padre è giusto questo mio sentire?

Maestro: " *Giusto è l'Amore che tu doni al Padre e allo stesso modo Esso ti ricambia, le parole che dalla tua bocca nascono sono le parole che dalla tua Anima escono. Tu sei il figlio della Luce, nel sentire la Luce abbracciate la Luce, la Luce che da voi nasce e si espande nulla vi potrà mai toccare* ".

Marco: Maestro una volta il fratello Graziano disse di avere visto una visione del Maestro Gesù nella crocifissione e che qualcuno gli aveva detto di fare sul mio cuore un segno di Croce è Verità?

Maestro: " *Che senso ha un segno di Croce sul tuo cuore se già tu alla Croce appartieni?* "

Marco: E' vero Maestro non ci avevo pensato, era solo per poter verificare le parole del fratello, ma come sempre quelle che dici sono parole di Verità.

Maestro: " *Egli cammina nella Luce ma ancora……* "

Marco: Si lo so Maestro la sorella Ines vide su una porta della sua casa un segno che lei interpretò come segno del male, io ho dimenticato il simbolo e cancellato, era un segno del male quello?

Maestro: " *Il male non lascia il segno, la sua casa egli dovrà benedire* "

Marco: Si Maestro ho capito e ti ringrazio e ora io e Marianna con la tua presenza procederemo alla benedizione della casa, assistici Tu, ci assistano gli Angeli e ci assista il Padre perchè questa casa sia il suo regno, la casa in cui i fratelli trovano Pace, Amore e Luce.

Maestro: " *Così sia*".

Marco: Così sia.

Maestro: " *Andate in Pace nella Luce del Padre, rimanete in Pace nella Luce del Padre*".

Marco: Ringrazio il Padre e ringrazio Te fratello in Dio e Maestro per l'aiuto e l'Amore che versi su di noi.

Maestro: " *Ciò che Io riverso su di voi è ciò che voi riflettete*".

Marco: Sia questo flusso di Amore anche per i fratelli che ne hanno bisogno, sia questo flusso per tutti coloro che soffrono, sia questo flusso di Amore e Misericordia anche per i fratelli che nel buio sono lontani dalla Luce del Padre affinché un giorno la ritrovino e a Lui si dirigano, rendiamo grazie al Padre al Figlio e allo Spirito Santo. Così sia.

Maestro: *"Così sia"*.

Il cammino mio e della sorella sembrava procedere con minori intoppi e molti erano i segni che ci giungevano dalla Luce. Spesso incontravamo altri fratelli la cui intenzione era percorrere la Via che riporta alla casa del Padre, ma erano fuorviati da molti che si definivano guide e promettevano il facile raggiungimento della Fonte di Luce con poco lavoro e sudore.

Spesso ci fermavamo un poco ad ascoltare in silenzio, altre volte intervenivamo nei loro discorsi cercando di fare aprire loro gli occhi dell'Anima, ma spesso venivamo derisi.

Mentre con la sorella si procedeva, lei mi disse:

- Marco- volevo dirti un altra cosa, ieri sera ho avuto una specie di colloquio con il Maestro e credo che per un pò ci lascerà.

Marco: Perchè lo ha detto?

Marianna: Si. Dice che dobbiamo ora affrontare ciò che abbiamo imparato e che quando il tempo sarà giusto ritornerà, ma che comunque resta accanto a noi, ma non comunicherà, dice che questo servirà a rafforzare il legame che con Lui abbiamo e fidarci completamente della nostra Fede.

Marco: Se cosi crede sia meglio per noi.

Marianna: Dice anche che in questo modo tu riuscirai a comunicare meglio con Lui che se non parlerà più per tramite mio, tu inizierai a sentirlo nella tua mente.

Marco: Se lui non potenzia le mie facoltà come posso? Credi che non ci provi?

Marianna: Vuol dire che lo farà Marco, si lo so che ci provi; vai con l'invocazione fratellone.

Marco: "Che Luce Amore e Potere ristabiliscano il piano sulla Terra".

Maestro: " *Sia esso ristabilito dal contatto che voi avete e manterrete con la Luce, Pace fratello amato*".

Marco: Pace fratello e Maestro la sorellina mi diceva che per un pò non comunicheremo.

Maestro: " *Si, almeno non comunicherò più tramite lei il tempo è giunto, e tu mi sentirai*".

Marco: Maestro basterebbe una tua parola e del Padre per potenziare le facoltà di sentirti.

Maestro: " *Esse già in te sono abbi fiducia di quello che sentirai perchè Io sarò, tu sai che Io non posso interferire*".

Marco: Si lo so, ma è la mia volontà comunicare con Te.

Maestro:" *Ma Io ti dico esse in te sono questa è parola del Figlio*".

Marco: La fede in Te e nel Padre non si intaccherà mai.

Maestro: " *Tu vedi fratello cosa il Padre ha compiuto per mezzo tuo, ecco in Verità ti dico che prezioso strumento tu sei non dubitare di ciò che senti mai*".

Marco: Si Maestro lo farò.

Maestro: *"All'inizio potrai confondere i tuoi pensieri con le mie parole, ma se avrai pazienza e costanza solo le mie parole resteranno e tu le riconoscerai".*

Marco: Cosi farò.

Maestro: *"Non rattristarti figlio".*

Marco: No Maestro so che mi sei vicino sempre.

Maestro: *"Così è scritto, il figlio non ti abbandonerà e il Padre con te sempre sarà".*

Marco: Ne sono certo e la Fede diventa sempre più potente.

Maestro: *"Impara a riconoscermi nelle piccole cose, impara a sentirmi, solo così con questo breve stacco ci riuscirai e i tuoi sensi si acutizzeranno".*

Marco: Si Maestro è successo quando il fratello mi disse: Nessuna paura ti porto io a Vicenza, là vidi il tuo segno.

Maestro: *"Si ecco questo è uno dei miei segni ne avrai in abbondanza".*

Marco: Ringrazio il Padre dell'Amore che in me ripone.

Maestro: *"Figlio mio, questa è la strada da percorrere ora, gli insegnamenti che finora avete ricevuto seguiteli non c'è altro da dire la base è quella".*

Marco: Maestro solo una domanda se posso.

Maestro: *"Si qua Io sono per te".*

Marco: La parola "rito" mi lascia perplesso molto.

Maestro: *"Pronunciai io questa parola?"*

Marco: No mai, appunto per questo.

Maestro: "*Vedi figlio questa parola indica una cosa che continua a ripetersi, fai di ogni tuo gesto un rito, ma un rito ogni volta diverso cosi che esso non più si chiami rito, ma rinnovo, le basi le hai*".

Marco: Capisco Maestro ciò che vuoi dire.

Maestro: "*Quando ancora da te verranno per chiedere aiuto fa che ciò che compirai ogni volta sia diverso, la preghiera, i nomi, ma non temere tutto verrà da se perchè accanto a te Io sono*".

Marco: E io ai tuoi piedi sarò sempre fiducioso.

Maestro: "*Da fratello a fratello figlio del Padre*".

Marco: Si in Dio Padre.

Maestro: "*Non temere dunque, scrivi gli inni che per mano tua il Padre scrive, ascolta le mie parole e tu figlio mio le scriverai non avere fretta*".

Marco: Si lo farò, sia la volontà tua e del Padre la mia.

Maestro: "*Così sia*".

Marco: Così sia.

Maestro: "*Se in pericolo ti troverai invoca il mio nome e come fulmine io arriverò*".

Marco: Lo farò Maestro.

Maestro: "*Ti avvolga il mio abbraccio di Luce, perchè questo non è un addio, ma un arrivederci a presto, molto presto*".

Marco: Si Maestro sia la tua Luce la mia. La caduta è stata un caso ?

Maestro: "*Cosa significa cadere?*"

Marco: Dallo scendere dal treno caddi.

Maestro: " *Cadere significa fermarsi, ma non fermarsi per non ripartire, in questo caso la caduta è un riflettere non sul motivo della caduta, sia essa un momento di pausa di riflessione e di incamerazione di tutto quello di cui abbiamo parlato*".

Marco: Si Maestro così sarà.

Maestro: " *Bene figli c'è qualcos'altro?* "

Marco: No Maestro.

Maestro: " *Vi amo , con voi sono e assieme a voi nel Padre*".

Marco: E noi con Te in Lui.

Maestro: " *La mia mano mai lascerà la vostra e presto ci ritroveremo, guarda i segni fratello in essi io sono*".

Marco: Si Maestro ora comincio a vederli meglio.

Maestro: " *Andate in Pace e restate in Pace, con voi io sono, così sia*".

Marco: Così sia.

Maestro: " *Amen*".

Marco: Amen.

Marianna: Come stai fratellone?

Marco: Benissimo.

Marianna: Ne sono felice, sai io sono serena, forse è un modo per imparare meglio quello che in questi mesi ci ha detto.

Marco: Si, farlo crescere in noi, farlo nostro.

Questa conversazione non ci rattristò, perchè sia io che Marianna sapevamo che tutto accadeva per il nostro bene. Certo ci spiaceva non sentire più il Maestro nel modo in cui eravamo abituati, perchè le Sue parole erano per noi linfa vitale di Amore che ci avvolgeva, ma eravamo certi che lo avremmo riconosciuto nei piccoli segni che ci sarebbero giunti e che tanti erano i modi in cui Lui si manifesta a chi gli apre il suo cuore.

Un giorno, erano trascorse quasi due settimane dall'ultima conversazione col Maestro, stavo dicendo a Marianna della Gerarchia dei Maestri e che in questa non ci sono classi di fratelli, ma fratellanza.

Marianna disse: Tu sei un fratello della Gerarchia Marco, di questo ne ho certezza come sono certa che il Maestro è con te e in te, si sente, si avverte da come parli da come scrivi la tua Anima è impregnata di lui.

Marco: Non potrei nemmeno pensare di non sentire ciò che sento, di ritornare a essere il vecchio Marco.

Marianna: Marco, un momento.

Marco: Si.

Marianna: Hai uno specchio con te?

Marco: No.

Marianna: "Guarda nello specchio", guarda nello specchio Marco.

Marco: Non ho specchi.

Marianna: Forse ho capito è per te fratello.

Maestro: *" Guarda nello specchio figlio del Padre tu dimmi riconosci ciò che vedi"?*

Marco: Non lo so Maestro.

Maestro: *" Guarda bene perchè l'immagine che riflessa è, è quella del Figlio, Io e te una cosa stiamo per divenire vedrai nello specchio me, me in te".*

Marco: Maestro sono degno di tanta gioia?

Maestro: " *Il Padre ha benedetto il Figlio, il Figlio è stato benedetto dal Padre, libera l'Amore che già hai. IO SONO IN TE!! Tu mi hai accettato*".

Marco: Fai di me la tua casa insieme al Padre è la mia preghiera.

Maestro: " *La tua preghiera, il tuo Amore mi commuovono, c'è ancora Amore nel mondo!*"

Marco: Grazie Maestro e grazie al Padre che tanto mi ama.

Maestro: " *Fulgido grido d'Amore che alla casa del Padre mio è arrivato non poteva restare inascoltato*".

Marco: Umile Suo figlio e servitore.

Maestro: " *La tua fede sposta le montagne e ora pronto tu sei, si pronto! Per mezzo del Padre mio demoni hai scacciato*".

Marco: Per la sua gloria.

Maestro: *"Marco Io ti benedico, ma benedetto già tu eri fin dall'inizio"*.

Marco: Rendo grazie al Padre e a Te.

Maestro: *"Quando parlerai direttamente con me tutto sarà compiuto e la tua missione inizierai"*.

Marco: Così sarà Maestro.

Maestro: " *Si figlio gloria al Padre!*"

Marco: Gloria a Lui negli universi e nei cuori dei Suoi figli.

Maestro: " *Ricorda, ogni uomo ha il suo destino nelle proprie mani e ogni uomo sceglie la propria Via*".

Marco: Grazie Maestro della Luce che mi doni, la Via della Luce e dell'Amore del Padre è la mia.

Maestro: " *Ogni compito assegnato nella Via della Luce non è maggiore o minore, non lasciarti mai abbagliare da ciò che ti viene concesso, perchè tante cose ti saranno concesse, gli eventi di cui vi avevo parlato si avvicinano sempre più velocemente*".

Marco: La volontà mia è quella Tua e del Padre nulla mi abbaglierà.

Maestro: " *Certo ne sono, in Verità ti dico tutto in te sta per compiersi, abbi Fede. Pace a voi, restate in Pace. Così sia*".

Marco: Pace a te fratello di Luce. Marianna grazie è stato bello e inaspettato.

Marianna: Non ringraziare me.
Marco: Anche la penna che scrive lo fa diretta dal Padre, anche lei si ringrazia.

Marianna: Sai fratellone, ancora non ho capito quale sarà la mia strada, ma so che non ci perderemo mai di vista.

Marco: Non succederà, anzi ancora di più saremo vicini.

Glorifichiamo il Padre

Gloria al Padre sia sempre in Eterno,
sia il suo Amore la mia culla,
sia il mio cuore la Sua casa,
sia il mio Amore l'Amore di Cristo,
sia il mio intelletto l'Intelletto dello Spirito Santo,
sia lo Spirito Santo la Conoscenza e Saggezza che mi guida,
sia il fratello l'Umanità che accoglie Cristo,
sia il Divino Amore l'Energia che unisce,
sia la Fratellanza e la Compassione frutto dell'Amore,
siano alzate dai cuori umani le lodi al Padre,
sia il Padre nostro fonte di Vita per l'Umanità,
in lui riconosciamo il nostro principio e fine,
e nell'eterno divenire diveniamo noi a sua Immagine.
Siano i nostri cuori deposito immenso per il suo immenso
Amore, e attingano ad esso i fratelli nel loro bisogno,
sia la Comunione benedetta dal Padre,
sia l'uomo benedetto dal Padre attraverso il Figlio,
sia lo spirito Santo la sua parola che nasce dall'anima,
ora e sempre sia il Padre benedetto e glorificato.

Amen. Cosi sia

Capitolo V

Proseguiva il nostro cammino e prestavamo solo orecchio per un attimo ai gruppi di fratelli che erano fermi a parlare o guardavano giocolieri e illusionisti restandone affascinati. Il Maestro ci aveva detto che altri fratelli si sarebbero uniti e aspettavamo di incontrarli prima o poi.

Ci fermammo a riposare prima del tramonto sotto un albero e Marianna mi disse:" Avverto la presenza del Maestro e se vuoi ci parliamo ".

Risposi: Se lo senti vicino sai che ho piacere e gioia.

Marianna: - Si è qui.

Marco: Fratello in Dio, la Luce che ci porti è per noi Vita, illumini la tua Luce tutta l'Umanità.

Maestro: *" Che la Luce irradi i vostri cuori e sia fonte d'Amore"*.

Marco: Pace Maestro.

Maestro: *" Pace a voi fratelli in Dio e figli in Cristo"*.

Marco: Grazie per le tue parole penetrano i nostri cuori.

Maestro:*" Venite con me ora, c'è qualcosa che desidero mostrarvi"*.

Marco: Si Maestro.

Marianna: Marco c'è una galleria, è buia, in fondo c'è una porta sembra un condotto per le fogne, si apre la porta siamo in una chiesa, una Cattedrale di Luce è come sospesa in cielo ha tanti vetri, siamo sopra un paese, ma non riesco a capire dove... vedo un bimbo di colore che piange e tante mosche che volano attorno a lui.

Maestro: *"Vedete voi dunque questo paese? Vedete voi e sentite i figli del Padre che piangono?"*

Marco: Si Maestro.

Maestro: "*Ecco in Verità vi dico questi bimbi nessuna colpa hanno, neppure i padri e le madri che partoriti li hanno, il Padre ha la mano levata su questo paese e ancora su quelli che ignorano e non vogliono vedere, dunque preparatevi perchè l'ora è vicina*".

Marco: Maestro sia la volontà del Padre, saremo pronti alla sua chiamata.

Maestro: "*Nulla ormai può fermare gli eventi, vi prego figli divenite consapevoli della realtà*".

Marco: Lo siamo Maestro.

Maestro: "*Perchè solo in questo modo potrete comprendere ciò che deve avvenire. L'umanità riesce a purificarsi solo con le catastrofi e una grande purificazione ora è in corso*".

Marco: Maestro troppo l'uomo ha abusato dell'Amore del Padre, noi per primi, perciò ne siamo consapevoli e chiniamo il capo al Suo Volere.

Maestro: "*La verde via è divenuta deserto, l'acqua è contaminata, i campi non danno più frutto, ora tutto questo è il cuore dell'uomo, è avvolto dal dio minore non abbiate paura quando tutto succederà Io sono e sarò con voi*".

Marco: Ne siamo certi e la paura non sfiora i nostri cuori.

Maestro: "*Tutto si sta ripetendo, ma questa volta sarà diverso perchè quelli che resteranno faranno il grande salto*".

Marco: Cosi è scritto Maestro l'arroganza di chi si chiama tuo servo è senza limiti.

Maestro: "*Volete chiedere qualcosa*"?

Marco: Si Maestro ancora mi tentano? Perchè voleva le mie mani.

Maestro: "*Perchè benedette dal Padre mio sono, in te un grande potere d'amore risiede*".

Marco: E per il suo potere io tradirei il Padre? Come osa sperarlo.

Maestro: " *Egli ti tenta, ancora verrà da te ma sempre meno, noi vediamo la Luce che in voi è ed anche loro la vedono e sanno che per loro indica pericolo*".

Marco: Appartengo al Padre non al dio minore questa è la ferma volontà.

Maestro: " *Si così è scritto, così tu hai scritto nella tua Anima ed in essa impresso è il marchio*".

Marco: E nessuna bestia lo potrà cancellare.

Maestro: " *No solo tu potrai perchè anche loro sottostanno al libero arbitrio. Vi dono questa Cattedrale di Luce*".

Marco: Maestro la sorella ha momenti difficili aiutala ti prego, grazie Maestro accettiamo con gratitudine.

Maestro: " *Si io le sono al fianco, ma è lei che deve liberarsi di ciò che la attanaglia. Quando vi sentite in pericolo ecco Io questo vi lascio un tunnel che porta alla Cattedrale di Luce, là niente e nessuno può toccarvi*".

Marco: Sara per noi luogo Sacro.

Maestro: " *Esso è il luogo dove voi figli miei incontrerete il Padre mio. E' il luogo dove voi sentirete il Suo Amore, rifugiatevi lì perchè sta scritto che in voi il Padre abiterà. Quella cattedrale è la Sua casa e a voi essa è donata*".

Marco: Ringraziamo il Padre per l'immenso dono, faccia di noi i suoi strumenti.

Maestro: " *In seguito vi dirò come portare i fratelli alla loro cattedrale, vi istruirò*".

Marco: Si Maestro.

Maestro: "*Ricordate devono essere anime che amano il Padre mio*".

Marco: Sì certo.

Maestro: "*Voi ora sapete discernere, andate in Pace e restate in Pace. Vi benedico*".

Marco: Benedetto sia il Padre e tu Maestro grazie.

Maestro: "*Così sia*".

Marco: Così sia.

Maestro: "*Amen*".

Marco: Amen.

Terminato il contatto col Maestro Marianna mi chiese cosa era accaduto e chi voleva vedere le mie mani. Così le raccontai in sogno della notte precedente.

Ero un una stanza riccamente arredata e un uomo alto, magro e ben vestito in abito scuro mi invitava con fare educato e gentile a seguirlo e che i miei servigi sarebbero stati compensati più di quanto potessi supporre, mentre ora non avevo nulla e promettendomi un alto grado nella sua organizzazione. Rifiutai più volte dicendo che a me andava bene così e il potere o denaro che poteva offrirmi non mi allettavano e che avevo già chi servire. Più io rifiutavo più lui perdeva i suoi modi gentili e affabili finchè di scatto venne verso di me prendendo le mie mani e voleva aprirle, ma io tenevo i pugni chiusi e lui tentava di aprire il pugno finchè non tesi il braccio sinistro verso di lui come per allontanarlo e respingerlo. Con quel gesto che io feci, il risultato fu che fu scagliato lontano da me. A questo punto due donne che erano con lui si scagliarono contro di me. Ripetei il gesto ottenendo lo stesso effetto. D'un tratto tutto scomparve.

Marianna fu colpita dal sogno e ambedue fummo d'accordo nel vedere nel sogno una tentazione o attacco del dio minore a cui avevo risposto con la forza e la Fede che solo il Padre dona ai suoi Figli devoti.

Riprendemmo il cammino in una giornata di sole il cui calore penetrava in noi, quando sentii gridare il mio nome.

Ci voltammo e vedemmo i due ragazzi ai quali avevo benedetto la casa che ci facevano segno di fermarci. Chiesi loro cosa li spingeva di nuovo da me e loro mi dissero che presto sarebbero andati a casa della madre della ragazza e come io gli avevo raccomandato, consigliato dal Maestro, venivano da me prima di andarci.

Dissi loro di stare tranquilli e che prima che si recassero dalla famiglia di lei li avrei chiamati. Così ritornarono a casa fiduciosi che avrebbero ricevuto l'aiuto che cosi sinceramente e umilmente chiedevano. Ne parlavamo con Marianna quando lei disse: Marco sento il Maestro, è qui fermiamoci.

Ha ascoltato la chiamata dissi. Che il Padre porti il suo Amore attraverso il suo Figlio e Maestro a noi.

Maestro: *"Così è e sarà Fratello in Dio. verranno da te lo so"*.

Marco: Maestro cosa devo fare?

Maestro: *" Benedicili nel nome del Padre del Figlio e dello Spirito Santo in loro scenderà Luce"*.

Marco: Farò come Tu dici.

Maestro: *" Per mano tua il Padre li benedirà, niente potrà toccarli nessuna oscurità, ma la fede salda dovranno tenere su Colui che E', E' stato e sarà"*.

Marco: Si Maestro è quello che dico sempre a loro.

Maestro: *" Benedirai dell'acqua, acqua pura che scorre dovrai prendere, che dalla natura germoglia, la benedirai nel nome del Cristo vivente e di Dio Suo Padre"*.

Marco: Maestro da me non ci sono fonti.

Maestro: *" Esiste una fonte molto vasta nella quale molti animali vivono vicino a te figlio mio".*

Marco: Il mare.

Maestro: *" Si vai al mare in un punto dove la purezza esiste poichè quella purezza e chiarezza è del Padre mio, segnerai le loro fronti con l'acqua benedetta con il simbolo del Figlio".*

Marco: Si Maestro faro come tu dici.

Maestro: *" Quel simbolo sarà impresso in loro e la notte non sarà più notte poichè essi porteranno la Luce nelle tenebre, li benedirai con le parole che ti ho detto. Poi tu reciterai una altra benedizione contro le tenebre poichè loro andranno incontro ad esse, ma nulla dovranno temere".*

Marco: Si lo farò, la scriverò e la metterò ai tuoi piedi per la benedizione Maestro.

Maestro: *" Così sia fatto, essi torneranno vincitori del male perchè il Padre mio così vuole".*

Marco: Maestro le preghiere arrivano a Te e al Padre? Ho in me la Fede e la forza di farle arrivare?

Maestro: *" Semi di Luce esse sono, nel cielo si vedono brillanti ogni volta che esse vengono scritte illuminano la Terra e noi le vediamo."*

Marco: Con la sorellina solo strumenti del Padre perchè la sua Gloria sia nel cuore degli uomini.

Maestro: *" Si figlio, i fratelli dovranno ora credere, il Padre ha scacciato le tenebre dalla loro casa e le scaccerà dalla loro vita".*

Marco: Si ora credono.

Maestro: *" Prego che le loro anime si convertano".*

Marco: Anche noi Maestro posso farti una preghiera?

Maestro: " *Si dimmi ti ascolto* ".

Marco: Il cuore della compagna della vita, lei non vede e non ha fede aprile il cuore a Te.

Maestro: " *Fratello io ti dico essa vedrà e crederà non temere, al tuo fianco è stata messa anche per questo, quando i tempi saranno maturi essa riceverà delle prove dell'esistenza del Padre mio e crederà* ".

Marco: Bene Maestro cosi sarà.

Maestro: " *Fratello, ricorda una cosa, il Padre da responsabilità a coloro che ama* ".

Marco: Si.

Maestro: " *Non temere* ".

Marco: Non ho paura Maestro, una cosa ancora.

Maestro: " *Ti ascolto* ".

Marco: E' detto: Gesù è la pietra angolare che i costruttori scartarono. Ci spieghi ?

Maestro: " *Figlio dove viene messa la pietra angolare* "?

Marco: Non so bene Maestro o alla chiave di volta o per mantenere un angolo, incatenare, legare.

Maestro: " *Si, non importa il posto giusto essa comunque viene messa all'interno del Tempio. Chi erano per te i costruttori?*

Marco: Padre, Figlio e Spirito: la Triade.

Maestro: " *Gesù si trasformò nel Cristo il Redentore, dunque la pietra angolare di Gesù fu scartata perchè nel tempio, Luogo Sacro, non più Gesù entra, ma il Cristo e voi entrerete con Cristo e non con Gesù".*

Marco: Grazie Maestro.

Maestro: *" Hai compreso"?*

Marco: Si.

Maestro: *" Bene me ne compiaccio".*

Marco: Le tue parole aprono porte chiuse. Grazie al Padre per averci affidati a Te.

Maestro: *"Se voi non bussaste a quelle porte resterebbero chiuse. Vi benedico e vi dico andate in Pace e restate in Pace".*

Marco: Sia la pace del Padre con noi.

Maestro: *" E per voi, ora e per sempre, così sia".*

Marco: Cosi sia.

Maestro: *"Amen."*

Marco: Amen

Ci lasciammo con Marianna dandoci appuntamento lungo la strada perchè dovevo compiere ciò che il Maestro mi aveva detto per i due ragazzi, cosa che feci con l'impegno che era richiesto e grande fu la mia sorpresa quando anche la madre del ragazzo si presentò insieme ai ragazzi, cosi partirono per andare a casa della madre di lei ospiti per qualche giorno.
Ci ritrovammo con Marianna e mi disse che a causa di problemi aveva avuto un momento difficile e che il Maestro le aveva parlato dicendole:

Perchè piangi? Queste cose lo sai, non ti appartengono. Ben altre cose appartengono allo Spirito Umano, lasciati guidare. Tu piangi il tuo stesso malessere, ascolta.

Innalza ora la tua Coscienza, la tua Consapevolezza, ciò che ti crea dolore appartiene al mondo degli uomini, non al Cielo, abbandona quel mondo, e vivi nel regno del Padre, sia tu testimone in terra del regno del Padre. Trasforma la tristezza e il dolore in Compassione, trasmuta il malessere in Contemplazione, la rabbia e l'indifferenza in Amore.

Tu piangi anche per chi i tuoi occhi non vedono, non per chi non c'è, non guardare con i tuoi occhi terreni, guarda con gli occhi dell'Anima poichè ciò che tu pensi non ci sia, invero c'è, guarda con occhi nuovi e io ti dico tu vedrai, vedrai ciò che ora non vedi, sentirai ciò che ora non senti, e comprenderai ciò che ora non comprendi. Innalza la tua Coscienza, e innalzandola, solleverai te stessa e il tuo Spirito dalle cose del mondo, e intenderai che non ti appartengono. Entra nella cattedrale di Luce ove avviene la grande alchimia, e lasciati plasmare.
Così Sia.

Una settimana era passata dall'ultimo incontro col Maestro e continuavamo il nostro cammino osservando ciò che accadeva al di fuori della strada, cosi fermandoci presso una fonte a bere dell'acqua e riposare, Marianna disse:

" Il Maestro è qui parliamo un po' con lui se vuoi".

Risposi: Si? Sono felice.

Maestro: *" Pace fratelli il Signore è con voi"*.

Riposi: Pace fratello e Maestro che ci porti l'Amore del Padre.

Maestro: *" Io porto ciò che i vostri cuori chiedono"*.

Marco: Chiedono solo la Luce e la Verità.

Maestro: *"Il Padre vi ama, ancora tanta ne elargirà per i suoi figli"*.

Marco: Accoglieremo con gratitudine ciò che ci dà perchè sia ad altri donato attraverso noi.

Maestro: *" Questa è la volontà del Padre"*.

Marco: Sia la Sua volontà la nostra.

Maestro: " *Voi siete due cornici dello stesso quadro figli miei i vostri cuori non sono separati, ma uniti dal filo dell'Anima*".

Marco: E questa unione ci da Vita sai a quale Vita mi riferisco.

Maestro: " *Così è. Non a quella terrena, ma alla Vera Vita quella nel Padre*".

Marco: Si e col Padre insieme ai fratelli e Maestri e a Te nostro Maestro. Maestro ho ricevuto una richiesta di aiuto non conosco il mittente.

Maestro: " *Di che aiuto si tratta*".

Marco: Dice Maestro che vede delle donne bellissime che danzano in piazza e per la bellezza lui va in depressione e questo accade anche se incontra una donna bella ovunque.

Maestro: " *Cosa ti suggerisce il tuo cuore fratello*".

Marco: Non so Maestro.

Maestro: " *Cos'hai percepito quando questa richiesta è avvenuta?*"

Marco: Mi puzza un pò e devo dire il vero come un imbroglio ma non so, prima si firma satana e poi lo chiamo e leggo Gesù.

Maestro: " *Tu lo conosci quest'uomo*"?

Marco: No lui dice di conoscermi.

Maestro: " *Quest'uomo usa nomi impropri, non c'è mai bisogno di nominare il dio minore, quando tu nomini qualcosa è come se tu chiamassi l'energia di quella cosa*".

Marco: Si da qui la mia diffidenza, lo so Maestro ed evito tutto ciò.

Maestro: "*Quando lo hai chiamato cosa ha detto*".

Marco: Gli ho chiesto perchè ha chiamato me, ha detto ti conosco.

Maestro: "*Cosa esso conosce*"?

Marco: Cosi mi ha detto.

Maestro: "*Non può conoscere te, egli non conosce neanche se stesso*".

Marco: Si se cambia cosi i nomi.

Maestro: "*Figlio hai avuto contatti insoliti ultimamente*"?

Marco: No Maestro.

Maestro: "*Ti dissi che sarebbero tornati*".

Marco: Si ricordo e sto in guardia.

Maestro: "*Fai attenzione, ascolta il tuo cuore e comprendi chi è veramente costui prima di prendere ogni decisione*".

Marco: Si Maestro.

Maestro: "*Il suo nome potrebbe essere lussuria un nemico da cui guardarsi*".

Marco: Lui dice che non le desidera e il malessere gli passa quando sa dove vivono o pensa che siano brutte, se mi chiamerà andrò più a fondo. Maestro ancora una cosa.

Maestro: "*Segui il filo della matassa, ma ricorda, quello che potrebbe aspettarti potrebbe essere molto duro, ma tu hai Fede, essa è la tua arma. Ti ascolto*".

Marco: Due anni fa una strana voglia di avere una umilissima tunica bianca che indossai una volta per il festival del Wesak, ha un suo significato?

Maestro: "*Essa era la manifestazione di ciò che già sapevi in cuor tuo, la tua ammissione*".

Marco: Maestro ciò che ti chiedo è forse presuntuoso, ma sai che nel mio cuore non lo è.

Maestro: "*Io ti conosco*".

Marco: Un tuo segno su quella tunica.

Maestro: "*Figlio, tu sei segnato è questo quello che conta, ma se questo tu vuoi per Amore del Padre mio arriverà e non più si cancellerà*".

Marco: Maestro sia la volontà del Padre e la Tua non la mia e perdonami.

Maestro: "*Non c'è nulla di cui perdonare o essere perdonati il segno che chiedi giungerà*".

Marco: Grazie siano le mie lacrime segno di Amore per il Padre e per Te.

Maestro: "*La sorella è stanca, vi lascio nella Pace, figlio segui i segni che arrivano nelle tue decisioni non potrai sbagliare*".

Marco: Mi sarai vicino come sempre stasera Maestro.

Maestro: "*Si mi sentirai, così sia*".

Marco: Si Maestro. Così Sia.

Quella sera vennero da me i ragazzi che partivano la mattina dopo per andare a casa della madre di lei. Feci ciò che il Maestro mi aveva detto e li rassicurai che tutto sarebbe andato bene e di tenersi per mano quando sarebbero entrati in quella casa, Lui li avrebbe protetti e con loro sarebbe stato.
    Due giorni dopo mi chiamò il ragazzo al telefono. Era felice e sereno coma mai era accaduto quando si era recato in quella casa, mi disse che nulla riusciva a scalfirlo sia lui che la ragazza, aveva in cuore una serenità mai provata e si sentiva come avvolto da qualcosa. Voleva ringraziarmi anche a nome di sua madre che era con loro, ma gli dissi di ringraziare il Padre e il Maestro che cosi avevano voluto che fosse.

    Raccontai a Marianna tutto ciò e lei disse che sentiva già l'energia del Maestro.

Con queste parole accolsi il Maestro:
Che l'Amore e la Luce del Padre ci venga data attraverso il Figlio.

Maestro: *" Possa la brocca essere riempita d'acqua per gli assetati, Pace a voi figli".*

Marco: Pace a Te fratello e Maestro, grazie a nome dei ragazzi.

Maestro: *" Loro mi hanno cercato e Io sono venuto".*

Marco: Sono stati felici come non mai.

Maestro: *" Possano le anime dei figli risplendere di Luce che il Padre con il suo infinito Amore emana".*

Marco: Grazie di essere anche io uno strumento attraverso cui il Padre si manifesta.

Maestro: *" Tu lo sei".*

Marco: Maestro hai sentito la mia preghiera per il marito di quella signora? A....?

Maestro: *" Figlio le tue preghiere arrivano a noi con Luce chiarissima, tutte le preghiere pronunciate con Amore e Purezza di intenti a noi arrivano".*

Marco: Mi aveva chiesto aiuto.

Maestro: *"Egli dovrà percorrere la sua strada quando l'aiuto è chiesto con onestà mai sia negato".*

Marco: Voleva rivolgersi a guaritori, ma gli ho detto solo il Padre guarisce di invocare Lui e Te.

Maestro: *" Tu dici bene, così sia fratello, quest'uomo è uomo buono secondo te?"*

Marco: Come io sento si.

Maestro: *" Tu senti bene".*

Marco: Ma tu hai insegnato sempre che anche i non buoni possono diventarlo.

Maestro: " *Per questo ti feci questa domanda, anche chi è nelle tenebre può tornare nella Luce*".

Marco: Anche a loro va la preghiera, pregare per il buono già lui lo fa, ma è il non buono colui a cui serve la Divina Acqua.

Maestro: "*Si la Divina Acqua tu sai cosa rispecchia?*

Marco: Dimmelo tu Maestro.

Maestro: " *Essa è il passaggio purificato dalle tenebre alla Luce, ecco perchè si benedice con l'acqua, il nuovo battesimo della Luce essa è dopo che l'Anima dalle tenebre è stata avvolta*".

Marco: Fratello mi viene in mente una cosa: perchè mi hai detto di benedire l'acqua e sapevi che ne avevo di quella benedetta dalla chiesa.

Maestro: " *Per benedire i fratelli prendi Acqua Viva, la maggior parte dell'acqua delle chiese è morta, ma non in tutte; Giovanni battezzava con Acqua Viva ricordi?*"

Marco: Si . Lo avevo un pò intuito ma ne volevo la certezza, Acqua che scorreva e non stagnava.

Maestro: " *Così deve essere la vostra vita, così deve essere il vostro Spirito e il vostro Amore, mai deve ristagnare*".

Marco: Io e la sorella ci chiedevamo se era cosa buona tenere per noi solo le cose belle che ci dici, i tuoi Insegnamenti, grazie a Te abbiamo fatto molta strada.

Maestro: " *Il Padre ha mandato me e ora Io mando voi nel Mio Nome per Amore del Padre, ma badate per ora siano rese di conoscenza le cose che non implicano insegnamenti*".

Marco: Si.

Maestro: " *Parlate dell'Amore, vivetelo e insegnatelo, parlate del perdono vivendolo e insegnandolo, vivete la vita e parlate loro, ma non *ancora siano resi pubblici gli insegnamenti, le protezioni che vi ho dato e vi darò".*

Marco: Si. Maestro una domanda. La sorella col destriero ha parlato con Te o con la Gerarchia nel suo piccolo colloquio quando ha chiesto di me?

Maestro: *" Io ascolto la sorella con il destriero, essa non parlò con me, ma con i miei fratelli. Vedi figlio qui non siamo proprio Entità distinte siamo tutti legati".*

Marco: Si lo so.

Maestro: *" Sion rispose".*

Marco: Era un po' cosi perchè lei non voleva accettare che io parlassi per Voi. Lei voleva avvenisse direttamente perciò chiese.

Maestro: *" Sia la parola ascoltata. Il Padre si serve dei figli suoi in maniere inconoscibili, potrebbe avvenire direttamente, ma ancora lei combatte, quando deporrà la spada allora a cuore aperto potrà parlare con Me, per ora il suo cammino è un altro".*

Marco: Le dissi che meglio di cosi non potevano rispondere, e lo dicesti gia. Forse ho sbagliato Maestro, ma vorrei che tutti sentissero ciò che io e la sorella sentiamo nei cuori.

Maestro: *" Non hai sbagliato il tuo è Amore, non tutti però sono ancora in grado di comprenderlo perchè in Verità ti dico che colui che si tappa le orecchie con le mani un giorno le sue mani saranno tirate via con forza dalle sue orecchie e solo allora sentirà".*

Marco: In molti c'è la richiesta di spiritualità, ma vanno a momenti e distorcono poi tutto e passato quel momento ricominciano come prima.

Maestro: *" Si così è, ma verrà il tempo che deve e Io ti dico essi si inginocchieranno e pregheranno come mai hanno fatto prima e ascolteranno come mai hanno ascoltato".*

Marco: Quando l'irreligione avanza discendo di era in era a ristabilire l'ordine; cosi è scritto.

Maestro: *"Così è"*.

Marco: Hanno nomi altisonanti, ma sono solo parole vuote.

Maestro: *" Figlio, più piccolo è il nome più grande è l'insegnamento, essi sono specchi per attirare nell'inganno"*.

Marco: Si purtroppo molti cadono.

Maestro: *"Verrà il tempo anche per loro di non cadere più e di rialzarsi"*.

Marco: Si così è stato per me, cosi è per tutti.

Maestro: *" Si così è per tutti. Andate in Pace e rimanete nella Pace"*.

Marco: Possa la Luce del Padre e la sua Pace non abbandonarci mai, Pace a Te fratello.

Maestro: *" Così sia"*.

Marco: Così sia.

Maestro: *"Amen"*.

Marco: Amen.

Spesso io e Marianna ci separavamo per vedere un po' cosa accadeva nei vari gruppetti di persone che incontravamo lungo la Via, e una sera in un gruppo ero in disparte ad ascoltare quando una ragazza si avvicinò a me chiedendomi se potevo aiutarla. Le dissi di dirmi che tipo di aiuto le serviva e quale fosse il problema. Mi raccontò che spesso aveva riceveva visite di anime che avevano lasciato questo piano di esistenza e che a volte le incutevano paura. Per un po' di tempo questo "problema " l'aveva lasciata ma che poche sere prima, mentre uno che lei conosceva parlava di una ragazza che a causa di incidente aveva lasciato questo mondo, se la vide al suo fianco e ne ebbe terrore.

Le chiesi perché era venuta da me se neanche mi conosceva, e mi disse una forza mi ha detto vai da lui. Le dissi che le avrei dato una risposta l'indomani e ci lasciammo.

Ne parlai con Marianna dicendole che avevo bisogno dell'aiuto del Maestro e lei mi rispose:
" Solo un momento che mi concentro Marco"

Cosi invocai il Maestro:
Che la saggezza del Padre si manifesti ai suoi figli.

Così rispose attraverso Marianna il Maestro:

" *E che essi accolgano quello che il Padre mio a loro dona a piene mani, pace fratelli*".

Marco: Pace fratello e Maestro, Cinzia la ragazza che ieri sera ho incontrato mi chiedeva aiuto.

Maestro: " *Si, qui io sono*".

Marco: Molte anime le girano intorno e lei non credo sappia distinguerle.

Maestro: " *Non ancora, grande è questo potere per gli uomini ed essi hanno difficoltà a gestirlo, la maggior parte si trasforma in ipocrita sostituzione del Padre mio e non in un Suo strumento*".

Marco: Si lei dice che Mikael la protegge.

Maestro: " *Lasciate i morti dove sono*".

Marco: Ma lei dice che vanno da lei.

Maestro: " *Mikael è il protettore degli uomini dal dio minore sopratutto se a lui si rivolgono*".

Marco: Maestro le ho dato la protezione che con la sorella abbiamo scritto, ma non so quando e se devo intervenire o no, perciò chiedo a Te.

Maestro: " *Lei ti ha chiesto aiuto*".

Marco: Si.

Maestro: " *Ma per quale motivo se Mikael è al suo fianco?* "

Marco: Lei dice che non sempre interviene, solo nel pericolo e questa Anima morta da poco andava da lei.

Maestro: " *Dunque essa non sempre è nel pericolo, che aiuto ti chiede fratello?* "

Marco: Non ama che anime le girino intorno.

Maestro: " *Anime sono dappertutto nel vostro mondo* ".

Marco: Si lo so.

Maestro: " *In una stanza possono essercene una infinità, non deve mai più chiamare anime e lasciare chi glielo chiede* ".

Marco: Ma questa sorella deceduta con incidente dice che da sola è andata da lei.

Maestro: " *Ma come ha fatto a creare il contatto? Sapere di questa donna?* "

Marco: Un ragazzo parlava di lei e che voleva fare una seduta medianica e lei ne ha avvertito la sua presenza con freddo ed altro.

Maestro: " *Questo intendevo fratello, lasciare chi avverte può chiedere è stato il ragazzo creare il ponte* ".

Marco: Si e lei ne ha approfittato.

Maestro: " *Deve stare bene attenta a chi frequenta, i suoi poteri sono molto grandi, ma deve usarli in altro modo diverso, le anime che attorno a lei sono inevitabilmente sempre ci saranno, ma mai nessuna potrà farle del male se resterà nella Luce* ".

Marco: Sento che è suo desiderio la Luce.

Maestro: *" Si, e pian piano essa diventerà conscia di questo. Non deve aver paura del dono, ma deve ringraziare il Padre per esso. Se questo gli è stato dato, un cammino determinato per lei c'è se lo desidera".*

Marco: Lei lo desidera.

Maestro: *" Cosa dunque ti dice la tua Anima in risposta a questa richiesta?"*

Marco: Per ora aiutarla in questa faccenda e poi aiutarla a distinguere cosa riceve ed usare ciò che ha per servire il Padre.

Maestro: *" Così sia figlio mio. Va da lei in nome del Signore e fa ciò che senti".*

Marco: Mi porto da lei col pensiero intendi Maestro?

Maestro: *" Intendo con il tuo Amore con il tuo pensiero, con le tue preghiere, con le tue intenzioni nel nome del Padre mio, poi tu sai ciò che senti di dover fare, Io sono con te sempre".*

Marco: Lo so Maestro e credo che anche lei avverta qualcosa perchè parlando è stata subito meglio e la paura era scomparsa".

Maestro: *" Portatore di Luce tu sei per volere del Padre ricordalo sempre, la Luce è con te e in te vive".*

Marco: Ed io vivo solo per lei ed in lei.

Maestro: *" Solo in questo modo avviene il ricambio della Luce solo così essa si rinforza e rigenera in te, solo donandola con la gratuità".*

Marco: Certo . Possiamo chiedere? Ieri con la sorella si parlava della confessione imposta, cosa ci puoi dire.

Maestro: " *La confessione serve per pulire dai peccati, ma attenzione il gesto di dire i propri peccati ad un altro uomo si è segno di umiltà e di pentimento, ma mai può essere l'uomo a dire ad un altro uomo Dio ti perdona se il Padre non è con lui e colui che è nel Padre si vede e si sente, come te fratello mio, come mai vengono a chiedere aiuto a te? Perchè sanno che tu sei nel Padre così è*".

Marco: Lo dicevo alla sorella che valore ha alzare l'Ostia se le mani che la alzano servono il dio minore?

Maestro: " *Siate dunque voi a distinguere, si ma ancora tutti non lo sanno, ancora dormono e ci sono sempre anche se in minima parte coloro che servono il Padre mio e voi potete distinguerli*".

Marco: Si senza dubbio Maestro. Ma chi ama il Padre mette il cuore e l'Anima quando benedice o aiuta, quando tu mi hai dato da benedire sapevo che era Sacro ciò che facevo e tutto di me era li nelle parole e nei gesti.

Maestro: " *Si figlio*".

Marco: L'amore che ci porti non ha limiti fratello in Dio e umilmente ci sediamo ai tuoi piedi per essere istruiti nella Luce.

Maestro: " *Proseguite nella Luce e restate nella Pace, con voi sono. Così sia*".

Marco: Così sia.

Maestro: "*Amen*".

Marco: Amen.

Dopo un po' Marianna disse:

" Marco ricevo dei pensieri dal Maestro"

Dove sta dunque la grandezza vostra figli? Essa è nella vostra umiltà, nel vostro aiuto al prossimo, nell'Amore e nella Verità. Chi è grande non è superbo, colui che conosce le cose non è Maestro dinnanzi a tutti, non fa mostra di se, esso ascolta in silenzio e parla della Verità

vivendola. Un fratello non è solo colui che è dello stesso sangue, un fratello è il tuo vicino, l'estraneo, il tuo amico e anche il tuo nemico. Siete tutti legati, aiutatevi a vicenda nell'Amore e nella Verità, se aiuterete gli altri aiuterete voi stessi.
Tu sei il prossimo tuo ricorda.

Il Maestro ci aveva parlato cosa attendeva l'umanità, la sofferenza che ne sarebbe nata e il dolore, e io e Marianna ne parlavamo chiedendoci cosa ne sarebbe stato dei nostri amici o parenti, se avremmo potuto aiutarli o meno e sentivamo il peso di quella grande sofferenza, comprendere il Piano Divino non è facile per l'uomo perchè non conosce le Vie attraverso le quali il Signore agisce, così Marianna disse:
"Ne parliamo col Maestro se vuoi il Maestro è qui"

- Sai che è una grande gioia - e dissi:

" Il Padre elargisca ai suoi figli il suo Amore attraverso il Figlio".

Lui rispose: *Io che abito nella Pace vengo a voi e porto la Pace* ".

Marco: Pace Divina sia Maestro, hai ascoltato le nostre parole?

Maestro: " *Sempre io ascolto, ma vi lascio liberi e a voi vengo solo quando necessita*".

Marco: Si Maestro lo sappiamo.

Maestro:" *Dimmi dunque fratello ancora ti pesa ciò che ho detto*"?

Marco: Non più perchè ho compreso.

Maestro: " *Tu sei saggio figlio, saggio nel pesare e comprendere ciò che ti viene detto*".

Marco: La paura di sbagliare ci appartiene purtroppo.

Maestro: " *Nell'amore non v'è paura lasciati guidare da esso*".

Marco: Si lo farò, volevamo chiederti alcune cose.

Maestro: " *Si prima voglio dirvi una cosa io* ".

Marco: Si Maestro.

Maestro: " *Ascoltate voi avete due pietre, una bella levigata, l'altra grezza da levigare; per farle trovare il posto giusto nella costruzione della vostra casa cosa fate? Tenete una e lasciate l'altra?* "

Marco: No.

Maestro: " *Ecco io vi dico in Verità che la pietra levigata si accomoderà meglio nel muro, e alla pietra non levigata spetta un altro posto nella costruzione della vostra casa, ma tutte e due formano il vostro riparo, chi ha orecchi per intendere intenda* ".

Marco: Si Maestro è chiaro e limpido.

Maestro: " *Me ne compiaccio, dimmi ora figlio* ".

Marco: La sorella mi suggerì un simbolo che ho posto sulla porta di casa.

Maestro: " *Si benedetto esso è* ".

Marco: Grazie al Padre sia esso visibile ai cercatori puri.

Maestro: " *Lo è come tu lo sei* ".

Marco: Una sorella mi ha chiesto spesso aiuto per la sua bambina di tre mesi.

Maestro: " *Come senti tu questa sorella* "?

Marco: Ama la sua bimba, ma di lei so poco, ma è il suo Amore per la bimba importante credo.

Maestro: " *Si* ".

Marco: Dice che ha sempre tosse.

Maestro: " *Cosa vuoi fare tu* "?

Marco: Se posso Maestro sai che voglio alleviare le sofferenze anche se non so il passato della bimba o della madre.

Maestro: *" Esso non conta".*

Marco: E' questo è un punto che ci chiarirai.

Maestro: *" L'unica via è l'Amore, l'unica strada è la Luce, la Preghiera è il sostentamento nella strada".*

Marco: Ma se è quello che si dice debito karmico ci è dato intervenire?

Maestro: *" Il debito karmico come voi lo chiamate, si può cancellare in qualsiasi momento figlio, la Preghiera è il sostentamento nella strada comprendi tu"?*

Marco: Si Maestro è il sapone che pulisce e smacchia.

Maestro: *" Sia la tua preghiera scritta e recitata con Amore, sia la tua preghiera benedetta dal Padre e recitata dalla donna per la figlia, ma ricorda, le intenzioni devono essere pure poichè l'Amore è fine a se stesso".*

Marco: Tu sai che le mie lo sono .

Maestro: *" Si lo so, ma ti dico per la madre. L'Amore è fine a se stesso, quando essa la reciterà abbiano essi fede nel Padre mio, fratello, sia il loro cuore, quello della madre, colmo di fede".*

Marco: Si. Comprendo le tue parole. Maestro sento un gran cambiamento in Cinzia, ha sentito la tua presenza.

Maestro: *" Si essa mi ha sentito poichè chi cerca la Luce la trova".*

Marco: Ora la sua volontà è ferma. Maestro non ci hai mai parlato della Madre io la vedo come Madre non solo di Gesù, ma Universale.

Maestro: *" Si, Essa lo è poichè la Madre del Figlio dell'uomo è Madre di tutti gli uomini".*

Marco: Sento di voler scrivere una preghiera, mi aiuterai?

Maestro: *" Con te Io sono, sarai aiutato come sempre, e come sempre la benedizione ricadrà su di te e su ciò che scrivi"*.

Marco: Si certo ne sono, siamo io e la sorella i fratelli piccoli che chiedono al maggiore con Fede e Amore.

Maestro: *" Siete voi fratelli miei, uniti noi siamo nella Fede e nell'Amore"*.

Marco: Ed è una gioia immensa trovarsi nell'amore del Padre.

Maestro: *" Recitate la preghiera assieme tu e la sorella, poi dalla alla madre che la reciti sempre e sia il suo cuore colmo di Fede; si avvicina il tempo per la sorella Cinzia figlio, tu saprai quando"*.

Marco: Così faremo. Si l'ho sentito e l'ho anche detto a lei.

Maestro: *" Così è"*.

Marco: Saprà di più al momento giusto, ma dimmi Maestro ancora una cosa perchè io capisca, questi fratelli che vedono le anime defunte c'è un motivo e credo sia anche per dare loro aiuto.

Maestro: *" Si"*.

Marco: Come possono darlo?

Maestro: *" Le anime che restano in parte nel vostro mondo non sono pronte per affrontare il viaggio, o sono servitori del dio minore perchè ricolmi ancora di rabbia verso il Padre mio. L'aiuto delle Anime avviene attraverso l'Amore, coloro che vedono e possono comunicare con esse hanno un dono enorme poichè il Padre ha immesso in loro il seme della Luce per aiutarle, ma devono sapere distinguere chi chiede aiuto da chi invece non lo vuole"*.

Marco: Si, ma molti servi del dio minore vanno poi da loro per i loro affari terreni.

Maestro: *" Si ma ricorda la Luce acceca, se restano i servitori nella Luce le anime del dio minore saranno accecate e si terranno lontane da loro"*.

Marco: Quindi anche tra i cosi chiamati medium ci sono quelli di Luce con il compito di aiutare.

Maestro: *" Si ma non di comunicare. I medium chiamano le anime, il processo deve essere l'incontrario, le anime se tormentate vanno dai medium essi non devono chiamarle hai compreso? Ciò che voi chiamate remissione dei peccati è una cosa simile, essa parte sempre da un unico presupposto, deve sempre esserci una richiesta di aiuto, di perdono, non si può agire di propria testa, svegliarsi e dire, oggi ho intenzione di aiutare quello o quella no, non è così che funziona l'Amore Universale, l'Amore basta all'Amore comprendi tu? Nella spirale concentrica, il defluire delle anime può invertire la rotta e dunque allontanarsi dal punto di origine, di provenienza, quelle Anime che si allontanano per propria colpa o per colpa altrui possono sempre rimediare, ma mai potranno da sole in quella dimensione hanno bisogno di aiuto dal mondo degli uomini. Esso una volta si identificava con la preghiera ora è anche con la preghiera, ma non solo".*

Marco: Cosa altro Maestro?

Maestro: *" L'energia d'Amore che le guida, energia mandata dagli uomini poichè esse non sentono quella del Padre perchè da loro è rifiutata".*

Marco: Rifiutano anche l'aiuto che lì possono trovare dunque.

Maestro: *" Si, come immessi in un tunnel che li guida verso il Giardino, si rifiutano di proseguire, voltandosi in senso contrario".*

Marco: E nel caso di bambini fratello?

Maestro: *" Come disse la sorella e tu condividesti il loro libero arbitrio è stato negato da un altro essere, essi sono quelli che più hanno bisogno d'Amore per tornare a casa dal Padre mio. La loro vita è stata interrotta e non è per volere del Padre".*

Marco: Un bimbo strappato alla vita con la forza è andato da Cinzia e voleva la sua mamma e lei lo ha cullato.

Maestro: *" Si ecco l'Amore, l'Amore di madre, ma per tornare al Padre esso ha bisogno non solo dell'Amore di madre, esso deve essere indirizzato all'Amore di Dio, dunque sia l'Amore che appartiene al Divino donato a lui".*

Marco: Cosi quell'Amore sarà la Luce e la forza che al Padre lo riporta.

Maestro: *" Si figlio hai compreso".*

Marco: Quindi Maestro anche noi possiamo aiutare col nostro Amore per lui e con la Preghiera.

Maestro: *" Si, siete tutti legati, ma figlio mio, ora è la ragazza che deve comprendere si deve liberare poi assieme potrete procedere qualcosa ancora la attanaglia ed è la paura".*

Marco: Si le ho detto che saremo con lei finche ci vorrà e resterà nella Luce e che avrà tutto il Tuo aiuto. Maestro posso ancora chiedere?

Maestro: *" Così è, qui per te io sono, tu scegliesti la Via, la Luce, io sono Colui che è mandato dal Padre".*

Marco: Maestro anche se solo uno venisse nella Luce con me sarei felice.

Maestro: *"Figlio dell'uomo mi chiamano poichè Io in Verità lo sono".*

Marco: Anche tu sei passato per la vita terrena come tutti.

Marianna: Marco scusa un momento credo che queste cose siano per Cinzia la ragazza, una specie di lettera per lei.

Marco: Si.

Maestro: *" La potenza della Luce emanata dal Padre mio è con te, in te, poichè tu scegliesti la vera Via, non temere dunque se il Padre è con te chi sarà contro di te? Illusioni misticheggianti della mente condizionate da esseri in disgrazia a te vengono mostrate non temere! Libera la Luce! Essa accieca chi è nelle tenebre, sii figlia degna del Padre tuo, ama incondizionatamente, il tuo dono aiuterà il mondo*

poichè tu lo scegliesti prima di venire sulla Terra, i miei guardiani sono al tuo fianco, ma tu devi essere, sorella, a sgominare il lato oscuro della tua mente, essi possono esserti vicino, ma a te sta la scelta poichè questo è il libero arbitrio, sia l'Amore la tua Via così che sia l'Amore a guidare la tua vita.
Sprigionati ora Anima incarnata, sprigiona ora la Luce del Padre che in te è, non temere, chiamami e Io verrò.
Ti benedico nel nome del Padre, nel nome del Figlio e nel nome dello Spirito Santo che in te opera".
Figlio consegna a lei queste parole.

Marco: Si Maestro.

Maestro: *" Che la sua reazione sia la tua risposta alla domanda di quando è il suo tempo poichè Io ti dico ora il tempo è giunto".*

Marco: Si Maestro, cosi sarà fatto.

Maestro: *" Vi benedico, con voi Io sono, figli preziosi del Padre mio".*
Marco: Con gratitudine e devozione accettiamo il tuo dono e ringraziamo il Padre.

Maestro: *" Possiate sentire ora il mio abbraccio di Luce".*

Marco: Lo sentiamo e il cuore e l'Anima gioiscono.

Maestro: *" Così sia".*
Marco: Cosi sia.
Maestro: *"Amen".*
Marco: Amen.

INVOCAZIONE AL RAGGIO

Che il Raggio verticale del Sole Centrale, dalla testa penetri nel cuore
e riscaldare, illuminare e purificare la casa dove il Padre abita in noi.
Sia questo il Raggio che squarcia le tenebre dell'ignoranza,
sia questo il Raggio che disperde le tenebre del dio minore,
sia il Raggio il faro che guida i pellegrini nella nebbia dell'illusione,
sia il Raggio l'Amore del Padre per i propri figli,
sia il Raggio portatore di Pace nel cuore degli uomini,
sia il Raggio la speranza di chi soffre, degli afflitti, degli umili,
dei diseredati, degli oppressi, dei puri di cuore e degli innocenti,
perché nella Luce del Raggio il Padre si manifesta a loro,
sia accolto nei cuori, nella mente, nelle parole e
nelle manifestazioni dell'Amore Lui si mostra in noi
e noi mostriamo le nostre radici in Lui.
Sia il Suo Amore e la Sua Luce la casa dove si ritrovano tutti i Suoi figli
e in quell'abbraccio Universale salga al Cielo il nostro grido:
Lode, Lode, Lode al Padre
datore di Amore di Luce e di Vita
nei secoli dei secoli. Amen

Capitolo VI

Dunque un'altra sorella si era unita a me e a Marianna. Avevo fatto ciò che il Maestro mi aveva detto di fare e Cinzia aveva avvertito la presenza del Maestro, il suo Amore quando mi ero portato da lei. Ci aveva detto che altri fratelli si sarebbero uniti a noi, ma ci aveva anche detto arriverà tra voi chi tenterà di allontanarvi, di mettere zizzanie e avevo promesso che sarei stato in guardia. Iniziava dunque un'altra fase del cammino? Non più soli io e Marianna, ma con altri fratelli? Parlavamo io e Marianna con Cinzia quando Marianna mi fece capire che il Maestro voleva parlarci cosi dissi a Cinzia che il Maestro voleva parlare con noi e che lo avrebbe fatto attraverso Marianna, e le spiegai come ciò avveniva per farle comprendere meglio. Cosi le chiesi:
- Cinzia il Maestro vuole parlarci parlerà attraverso Marianna se accetti Lui è qui con noi. Accetti di parlare col Maestro? Lo vuoi?-

Cinzia rispose: Certo.

Marco: Bene. Sia l'Amore del Padre ad illuminaci, Pace Maestro.

Maestro: *" Sia essa con voi figli miei poichè è scritto che chi cerca la Pace la troverà e chi vive la Pace la donerà"*

Marco: Benvenuto Maestro la sorella Cinzia è con noi.

Maestro: *" Si la dolce sorella con la forza del leone".*

Cinzia: Benvenuto Maestro

Maestro: *" Voi dunque vi siete ritrovati".*

Marco: Si.

Cinzia: Si.

Maestro: *" Altri ritroverete l'Amore chiama Amore".*

Marco: "Ciò che il Padre ci da ad altri lo daremo è il nostro servizio.

Maestro: *" Quale ostacolo lungo la via può fermare la Potenza del Padre mio che attraverso di voi opera"?*

Marco: Nessuno.

Cinzia:E'ciò che desidero fare con tutto il mio cuore, infatti nessuno.

Maestro: *"Nulla... se voi non lo vorrete la decisione è sempre vostra, sorella Cinzia tu vedi e senti, hai visto il dio minore".*

Cinzia: Si l'ho visto mi provoca.

Maestro: *"Pensa, se riesci a vederlo allora puoi sconfiggerlo, sconfiggerlo in te, nelle tue paure, e dopo in fratelli che a te verranno per chiedere l'aiuto sincero del cuore".*

Cinzia: Ma lui non ci riesce, ma prova sempre.

Maestro: *"Come può riuscire se il Padre mio è con te? Tu hai fatto già la tua scelta".*

Cinzia: So che lui si nutre della mia paura per questo cerco di controllarla.

Maestro: *"Si essa è nutrimento per lui e per gli esseri che a lui appartengono, voi siete nati dall'Amore voi appartenete all'Amore".*

Cinzia: Ma so che non essendo sola lui non ce la farà il mio cuore mi spinge a voi.

Maestro: *"L'Amore è l'arma più potente che esista poichè essa scaccia le tenebre, esso illumina la Via di chi cerca con cuore aperto, tu hai cercato e in Verità hai trovato, Io sono in te, i miei Angeli Guardiani sono con te".*

Cinzia: Li sento con il cuore, il mio cuore è colmo.

Maestro: *"Tu mi senti ora"?*

Cinzia: Trovo certi cambiamenti in me che mi sorprendono come la calma che tempo fa non avevo sento l´Amore.

Maestro: *"Cinzia tu mi senti ora"?*

Cinzia: No di vederti o sentirti no, ma il tuo Amore si.

Maestro: *"Si quello intendo l'Amore".*

Cinzia: Si e mi fa stare bene.

Maestro: *"Ricorda che le grandi prove sono date a chi le può superare, sono segno dell'Amore del Padre poichè nelle prove la tua Anima si sveglia".*

Cinzia: E io per Amor Suo affronterei tutto.

Maestro: *"Nelle prove tu trai la forza aiutando te aiuterai altri, sia scacciato ciò che al Padre Mio non appartiene".*

Cinzia: Cercherò di fare i miei passi lenti in modo giusto.

Maestro: *"Si allontanino gli infimi poichè la mano del Padre Mio è su questa sorella, scenda la potenza della Luce su di essa".*

Cinzia: Vivo per Lui e mi onora servirlo.

Maestro: *"Cinzia sia la tua casa, la casa del Padre mio".*

Cinzia: Ti ringrazio Maestro darò tutto il mio Amore al Padre.

Maestro: *"Così sia, con te Io sono chiama il mio nome e io verrò da te".*

Cinzia: Voglio coltivare la Sua pianta per poi porgere i frutti, grazie Maestro per la tua disponibilità.

Maestro: *"Esiste una realtà conosciuta, esiste una realtà sconosciuta, voi figli miei siete sul ponte delle due Verità vi benedico per il Santo nome di Colui che E'".*

Cinzia: Il mio viaggio anche se lungo mi porterà a tutto ciò con la mia volontà e forza e l'Amore.

Maestro: *"Così sia".*

Cinzia: Così sia.

Marco: Così sia.

Maestro: *"Amen"*.

Marco: Amen.

Cinzia: Amen.

Per più giorni camminammo senza sentire il Maestro. Ora un'altra sorella si accompagnava a noi, e molte erano le sue domande alle quali cercavamo di rispondere io e Marianna, ma quello che era importante era che ora non si sentiva più sola e pian piano stava vincendo la sua paura.
Ci mancavano le parole e l'energia che il Maestro ci dava, cosi Marianna disse: - Marco se vuoi proviamo a parlare col Maestro-.
Per Marianna era un periodo economicamente difficile e pertanto non aveva molta serenità e le dissi: - solo se te la senti-
- Si- rispose – tutto tranquillo.

Ci mettemmo tranquilli e dissi:
"Che Amore Luce e Potere ristabiliscano il piano sulla Terra".

Immediatamente Marianna disse:
" *Sia esso ristabilito nell'integrità dell'Essenza senza il dualismo, ma con il fine del Bene Supremo*".

Marco: Sia il Bene Supremo a guidarci, Pace Maestro e fratello.

Maestro: *"Pace a voi fratelli in Cristo"*.

Marco: Da tempo non ci parlavi anche se sappiamo che sei sempre con noi.

Maestro: *"Poichè voi, amati figli, dovete continuare il cammino che già state percorrendo, Io sono con voi, sapete meglio ora come agire non sempre avete bisogno di me"*.

Marco: Ma una tua parola è Luce per noi.

Maestro: *"Io sono in voi la Voce che udite è la mia"*.

Marco: Maestro vorremmo nei nostri cuori rivivere il Natale io e le due sorelle.

Maestro: *"Apprestatevi a vivere il Natale vostro poichè il figlio dell'uomo rinascerà in voi".*

Marco: Lo accoglieremo con l'Amore del Padre.

Maestro: *"A braccia aperte esso vi chiama, l'Amore del Padre per i figli suoi è incalcolabile per il pensiero umano, la strada si sta delineando figlio sempre più nitida. Trovi"?*

Marco: Si Maestro ma ho sempre un pò il dubbio se agisco bene.

Maestro: *"Il dubbio è buono".*

Marco: Sono consapevole della responsabilità.

Maestro: *"So che lo sei e so che agirai comunque per il bene del tuo prossimo sotto la Luce del Padre".*

Marco: E' ciò che mi guida, sono un buon aiuto per Cinzia?

Maestro: *"Si voi lo siete e lei è per voi poichè uniti nell'Amore siete, l'Amore è speranza e aiuto".*

Marco: So che le mandi molti segni e lei comincia a vedere meglio.

Maestro: *"Me ne compiaccio, essi sono nella sua strada".*

Marco: Maestro ti chiesi un dono mi dirai tu quando verrà.

Maestro: *"Quando meno te lo aspetti esso è e verrà".*

Marco: Sono fiducioso e attendo.

Maestro: *"La tua veste l'hai più messa"?*

Marco: No la guardai il giorno dopo e poi richiusa.

Maestro: *"La veste tua è benedetta, mettila quando senti che sia necessario".*

Marco: Questo è un dono Maestro e ti ringrazio non lo sapevo.

Maestro: *"Figlio mio, quando non ti senti bene, quando hai dubbi, quando qualcosa senti che ti pesa, indossa l'abito che il Padre ha benedetto ne sentirai l'Amore e la forza ecco questo è il mio dono".*

Marco: Posso solo ringraziarti con la mia Devozione, Fedeltà e Amore.

Maestro: *"Lo so figlio e sappi che poco non è".*

Marco: Ciò che ho appartiene al Padre e a Te e ciò che mi date ai fratelli.

Maestro: *"Così è".*

Marco: Maestro una cosa, Cinzia tra poco incontrerà un uomo che dice sia del dio minore e vorrebbe un tuo consiglio, già una volta lei ha fatto qualcosa mi dice.

Maestro: *"Figlio dì alla sorella che non abbia paura, lei sa, lo sente se questi è un servo del dio minore nulla può toccarla, intaccarla, resti lei nella Luce Io la terrò per mano".*

Marco: Si Maestro.

Maestro: *"Non sia lei a sfidare ricordaglielo, sia essa compassionevole, ma forte nella sua Fede nulla la scalfirà".*

Marco: Si. Alcuni tuoi insegnamenti li dò a lei, quelli che per ora comprende.

Maestro: *"Si fratello questa è cosa buona e giusta".*

Marco: So che tu guidi i miei pensieri anche se non ti sento.

Maestro: *"Verrà il tempo in cui mi sentirai e Io con te sono".*

Marco: Lo so con certezza Maestro, il 24 dicembre saremo un pò insieme con le sorelle verrai a darci la Tua Benedizione?

Maestro: *"Con voi sarò poichè con voi sempre sono"*.

Marco: Ti ringraziamo.

Maestro: *"Vi benedico andate in Pace e restate nella Pace"*.

Marco: Sia la pace del Padre nei nostri cuori.

Maestro: *"Così sia"*.

Marco: Cosi sia.

Maestro: *"Amen"*.

Marco: Amen.

Proseguiva il nostro camino tenendoci per mano tutti e tre con la consapevolezza della presenza del Maestro. Un giorno in particolare Marianna era taciturna mentre di solito era gioviale e spesso scherzavamo. Mi prese per mano e disse: - fratellone ti devo parlare sediamoci un attimo-.
Le chiesi cosa la angustiasse tanto da farle perdere la sua serenità e mi rispose:
- Fratellone il lavoro non va, che devo fare?

Le risposi: - Chiedi consiglio al Maestro ti darà un segno -.

Marianna: Ho già chiesto, ma nulla arriva.

Marco: Arriverà.

Marianna: Fratellone provi tu a metterti in contatto con Lui e io chiedo? Non riesco da sola, confondo i miei pensieri con le sue parole.

Marco: Sa che abbiamo anche bisogno del pane materiale oltre che di quello spirituale. Con me sono più nitide le sue parole? Le ricevi meglio?

Marianna: No devi metterti tu in contatto con Lui e parlare, che dici proviamo?

Marco: Va bene proviamo, tenterò.

Così Marianna recito l'invocazione che io avevo sempre fatto:
Che Luce Amore e potere ristabiliscano il Piano sulla Terra.

Non ero molto sicuro di ciò che ricevevo ma risposi:
" *Cosi sia nell'Amore del Padre*".

Marianna: Maestro, perdona se di cose materiali ti domando.

Marco: *"Non si vive di solo pane, ma anche di pane"*.

Marianna: Maestro, cosa devo fare, che strada seguire?

Marco: *"Segui quella che il cuore ti detta in te c'è la risposta"*.

Marianna: Ho provato e riprovato, ma non riesco a sentirla.

Non ero sicuro di ciò che ricevevo se fossero miei pensieri o quelli del Maestro cosi dissi: Marianna mi spiace non riesco.

Marianna: Come no, mi hai risposto.

Marco: Non ti ho detto nulla.

Marianna: Si di ascoltare il cuore anche se io non sento la sua voce.

Marco: Non so dirti altro mi spiace.

Marianna: Va bene così fratellone grazie.

Dopo pochi secondi Marianna disse:

"Domanda e ti sarà risposto. Tu dici quale strada è per me? Ebbene io ti dico la strada che percorsero i tuoi Padri è la tua, grandi vittorie per Amore del Padre mio la Gloria scenderà".

Avvertii subito la presenza e le parole del Maestro così dissi: Pace Maestro.

Maestro: *"Pace a te fratello"*.

Marco: Ti prego aiuta la sorella in questo momento.

Maestro: *"Lei deve andare dove è chiamata, ancora essa non sa. Le cose sotto un'altra Luce deve vedere, sono tutte esperienze":*

Marco: Si lo dicevo infatti.

Maestro: *"I miei fratelli, i figli del Padre, difficilmente sono grandi imprenditori, essi sono imprenditori dello Spirito, ma ancor di più devono mettere la loro vita nelle mani del Padre Mio poichè questa è la vera Fede".*

Marco: Si una porta si apre sempre quando pensi sia tutto buio.

Maestro: *"Si e si aprirà, ma guardare le cose da questo punto di vista non è una perdita è una risorsa, qualcuno la attende come qualcuno qui la attendeva".*

Marco: La nostra Fede sta nel Padre e in Te.

Maestro: *"Sorella la strada dei Padri dovrai percorrere, strada di Dignità, strada di Amore, strada di Verità, non temere per il futuro Io sono accanto a te in ogni dove, ricorda tutto è una risorsa, vivi così e Io ti dico una vita serena nell'Amore condurrai".*

Marco: Maestro sai che noi spesso ci confondiamo, siamo bambini, solo il Padre ci da la forza e Tu sai che i brutti momenti li ho vissuti.

Maestro: *"Andate in Pace e restate in Pace".*

Intanto in questo periodo pian piano si erano avvicinati a noi anche i due ragazzi Diego e Maria. Specialmente Maria era desiderosa di sapere e in lei il richiamo della Luce diventava sempre più forte e ne approfittava quando era possibile di stare con me e dialogare su tutto. La sua Fede aumentava giorno per giorno e mi faceva domande sul Maestro, e gli era venuta una voglia di disegnare. Anche Diego ora che aveva provato la protezione del Maestro veniva quando poteva, ma ancora non si era molto svegliato e Maria la sua ragazza lo trainava. Sapevo che Diego aveva dei bei doni che sarebbero venuti fuori, ma che doveva essere guidato e compreso.
Ma una sera che come al solito gironzolavo tra i gruppi che si riunivano, un ragazzo mi si avvicino e cominciò a parlarmi, a farmi domande sulla Via che stavo percorrendo e che anche lui voleva

percorrere. Mi aveva visto spesso, ma solo quella sera qualcosa di me lo aveva attirato e così discorremmo a lungo, Cristian era il suo nome. Così un pomeriggio che Maria era con me e Marianna lei disse:
- Ascolta che dici facciamo un pò di conversazione di quella buona?

Certo risposi e dissi:
"Che la Luce e l'Amore del Padre scendano su di noi".

Maestro: *"Un unico canto, un'unica melodia accompagna quella Luce d'Amore essa è la melodia dell'Universo che il Padre Mio ha creato".*

Marco: Dolce melodia per l'Anima che anela tornare al Padre Maestro.

Maestro: *" Pace a te fratello e porta la mia Pace a chi stai incontrando lungo il cammino".*

Marco: Si lo farò Maestro, abbiamo una visita Maestro.

Maestro: *"Una dolce visita d'Anima candida alla quale già io tengo la mano, segni avrà e continuerà ad avere".*

Marco: Come il disegno?

Maestro: *"Si, ma ancora di più".*

Marco: Anche lei ti cerca Maestro, Tu vedi meglio nel suo cuore.

Maestro: *"Prove forti nella vita, ma il Padre mette alla prova chi più ama".*

Marco: Si sarò accanto a lei come Te.

Maestro: *"Così sia. Il sole è l'Amore che il Padre riversa sulle tre stelle esse non sono solo un simbolo, sono molto di più, sono le portatrici dell'amore del Padre anche attraverso la loro energia e le loro parole gli uomini torneranno al Padre, cos'è per lei la stella"?*

Marco: Lei vedeva le tre stelle come Trinità: Amore, Saggezza e Intelletto.

Maestro: *"Ecco dunque l'interpretazione del disegno è in lei poichè lei lo ha ricevuto, dipingi il mondo con i colori dell'Amore, figlia del Padre".*

Marco: Maestro non sa cosa dire.

Maestro: *"Lei mi ha già risposto in cuor suo".*

Marco: Si cosi mi ha detto.

Maestro: *"Sono accanto a lei poichè lei mi ha accettato, se di aiuto necessiterà il mio nome pronunci Io con lei sono".*

Marco: Si Maestro, di Cristian cosa puoi dirmi? Comincia un pò a fare Luce? Sento che è una Anima che molto ha sofferto.

Maestro: *"Si in passato, ma ora è qui per riscattare, resta vicino a loro, tu già sai che doti il fratello ha, l'Amore del Padre anche è con lui poichè egli ha creduto e in cuor suo egli ha risposto anche alla chiamata".*

Marco: Si e un suo amico vuole parlarmi.

Maestro: *"Istruisci i miei figli quando sentirai che sono pronti, ma bada che colui che vuole separarvi arriverà presto".*

Marco: Sarò vigile Maestro e poi confido in Te e nel Padre.

Maestro: *"Con voi Io sono, vi abbraccio e vi benedico. Figlia innalza il tuo cuore, apri la tua Anima che la benedizione dell'Eterno Amore scenda su di te possa tu portarlo a chi ne necessita. Così sia".*

Marco: Così sia.

Maestro: *"Amen".*

Marco: Amen.

A questo punto arriva Cinzia.

Cinzia: Ciao.

Marianna: Ciao Cinzia.

Cinzia: Sono felice di rivedervi che mi raccontate.

Marco: Cinzia ti portiamo la Pace e la Benedizione del Maestro.

Marianna: Abbiamo appena parlato con il Maestro.

Cinzia: Grazie peccato lo manco sempre per poco.

Marianna: Non è detto. Marco...

Marco: Si, Maestro siamo qui la sorella è con noi.

Maestro: *"Vita di Luce che irradia le tenebre, ecco voi siete portatori di Vita , la Vita Vera che è l'Amore che dal Padre deriva e tutto sostiene, irrompa la Luce nel vostro cuore, irrompa la Luce nella vostra mente poichè nella vostra Anima in vero già c'è".*

Cinzia: Apprezzo molto il tuo aiuto.

Maestro: *"Tu mi hai cercato sorella e Io sono venuto".*

Marco: Sia essa visibile ai cercatori di Luce. Maestro ho cercato di spiegare come io vedevo il sogno di Cinzia.

Cinzia: Maestro è un onore per me averti accanto.

Maestro: *"Un Padre non abbandona i suoi figli mai".*

Cinzia: Parlo spesso con Te e mi scuso se spesso faccio errori.

Maestro: *"Tu parli con il cuore, non v'è errore in chi parla con il cuore e dimmi io ti rispondo"?*

Cinzia: Eri tu che mi parlavi nel sogno Maestro ?

Maestro: *"Tu senti la mia presenza"?*

Cinzia: Si io la sento e molto.

Maestro: *"Chi ti parlava nel sogno ti induceva a fare qualcosa?*

Cinzia: Mi sento coccolata da Te specialmente quando mi sento un po' giù o stanca; si mi induce a far qualcosa.

Maestro: *"E questo qualcosa figlia è bene o male? E tu puoi scegliere?"*

Cinzia: Ma la voce viene da dietro e non vedo chi sia. Io penso che sia stata una voce buona calda che mi diceva di aiutare di far qualcosa e io dopo aver ascoltato ho cercato di far tutto ciò che mi aveva detto.

Maestro: *"In Verità vi dico la mia voce da svegli voi potete sentire, fratello tu la senti quando preghi e scrivi preghiere, sorella tu la senti quando sei nel pericolo o quando a me ti affidi come un sussurro e vero ciò Cinzia?"*

Cinzia: Si sempre come adesso ti sento molto.

Maestro: *"Così è e così sarà sempre e per sempre fin che voi seguirete la Strada Maestra della via di mezzo poichè la Vera Strada è quella della Via di Mezzo chiamata così perchè sempre essa ha una scelta, perchè voi siete a decidere il percorso".*

Cinzia: Alcune volte Maestro ho tanta voglia di abbracciarvi.

Maestro: *"In cuor tuo tu lo fai con la tua Anima e Io lo sento".*

Cinzia: Ti voglio un bene indescrivibile Maestro.

Maestro: *"Perchè nel regno dello Spirito un abbraccio è un pensiero d'Amore, il bene è di chi è nella strada".*

Cinzia: La gioia che sto provando adesso non riesco a spiegarla.

Maestro: *"Io ti dico che sempre più sete avrai di Me e sempre di più Io ti disseterò, Io la sento".*

Marco: E noi ne berremo sempre Maestro.

Cinzia: Un amore cosi mai provato e so che più vado avanti e più sarà forte.

Maestro: *"Vi benedico nuovamente, vegliate fratelli perchè l'ora è vicina. Amen".*

Cinzia: Amen.

Marco: Saremo svegli alla chiamata del Padre, Amen.

Quando fummo soli Marianna mi chiese dell'incontro con Cristian e le dissi che dopo aver parlato un pò con lui per la seconda volta una settimana fa, gli dissi di prendere le mie mani e lui disse di sentire una dolce energia arrivare a lui e che poi vide una candela bianca davanti a lui. Allora gli chiesi di cercare di vedere oltre la Luce della candela e lui disse di vedere qualcuno in bianco. Non so se dirgli di stare con noi la vigilia di Natale o no cosa dici tu?

Marianna: Come lo senti fratellone? Cercatore di Luce fermo? Di cosa hai paura se viene? Cosa ti frena?

Marco: Forse che non capisca ecco perchè ne parlo con te un tuo parere.

E mentre cosi parlavamo, Marianna mi dice:- : Si. Marco un momento il Maestro vuole parlare.

Maestro: *"Pace fratelli, fratello di Luce".*

Marco: Pace a te fratello e Maestro.

Maestro: *"Chiedi a lui queste cose: Credi tu a Colui che ti creò? Credi tu che l'Amore che dentro porti è il Padre che te lo ha donato? La natura che da un bozzolo fa nascere una farfalla il Padre l'ha creata, se crede nell'Amore nel bene, nell'aiuto al fratello crede che un Essere supremo abbia originato? In ultimo chiedi cosa vuole lui dalla vita terrena che sta conducendo: aiutare o uccidere. Sia esso consapevole delle sue risposte poichè certo sono che egli alla Luce mira, il tempo stringe, dalle sue risposte tu saprai. La paura è il non voler vedere, fratello ricordaglielo".*

Marco: Si Maestro volevo gia farlo, ma non sentivo la spinta come con Cinzia, ma lo faro.

Maestro: *"Sia questo ciò che farai, ti lascio in Pace vi do la mia Pace andate in Pace. Così sia".*

Marco: Così sia.

Maestro: "Amen"

Marco: Amen.

Mancavano due giorni al Natale e Marianna mi chiese se sentivo che sarebbe successo qualcosa durante le Feste come l'anno scorso. Le dissi che non lo sapevo, ma che spesso il Maestro diceva che il tempo stringe

Marianna: Si.

Marco: Marianna a noi non resta che fare la Sua Volontà Lui conosce il Piano Divino.

Marianna: Certo, noi faremo ciò che Lui vuole.

Marco: Sempre nella sua Luce. Oggi pensavo che qualcosa di meraviglioso sta accadendo intorno a noi e ieri sera un'altra prova.

Marianna: Si fratellone veramente meraviglioso. Quale? parli di Cristian?

Marco: Si.

Marianna: Egli è sempre con noi.

Marco: Mi venne di dire guarda davanti a te e quando mi disse di vedere una candela gli dissi di guardare oltre la candela e vedere e quando gli dissi benvenuto nella Luce lui avvertì l'energia del Maestro anche questi sono miracoli.

Marianna: Si Marco, grandi. Il Maestro è qui.

Maestro: *"L'ora è giunta, io sono qui e a voi mi manifesterò"*.

Marco: Pace Maestro.

Maestro: *"Poichè per volere del Padre Mio l'acqua ancora si alzerà, la terrà tremerà non temete, non abbiate paura"*.

Marco: Non ne abbiamo.

Maestro: *"Il sole diverrà di tanti colori, la vita non più sarà insultata perchè quelli che la insultano dovranno patire grandi tribolazioni"*.

Marco: Sarà quando ci hai detto Maestro? Quanto durerà il dolore lo puoi dire?

Maestro: *"Tutto è già iniziato, quello sarà un apice che segnerà la chiesa e non solo, il dolore durerà quanto gli uomini lo faranno durare poichè da loro dipende quanto impiegheranno a comprendere. Il Raggio che squarcia il cielo, l'Amore che scende sulla terra abbraccerà coloro che subito mi invocheranno, ma non per codardia ma per Amore"*.

Marco: Si lo pensavo Maestro, sappiamo che non possiamo portare a Te tutti, ma faremo del nostro meglio e serviremo il Padre solo e Te. Maestro va bene ciò che ho scritto per il Natale?

Maestro: *"Si perchè dal cuore nasce ciò che hai scritto"*.

Marco: Quando ti manifesterai a noi sarà per noi una grande gioia.

Maestro: *"E gioia del Padre Mio, ricordate una cosa importante: il servo del Padre mio è già sulla terra poichè il servo del dio minore, anche lui è già sulla terra ed egli non tarderà a manifestarsi, sia la vostra fede salda"*.

Marco: Lo sarà come una montagna.

Maestro: *"Figli, lo scempio di bimbi innocenti non può più durare comprendete voi questo"?*

Marco: Si.

Maestro: *"Lo scempio di uomini di pace non può più durare ecco anche perchè arriveranno le tribolazioni i pianti che salgono al cielo sono troppi e la mano del Padre fermerà tutto questo".*

Marco: Sono sordi Maestro e cechi, sia giustizia del Padre, innocenti come carne da macello i vizi innalzati e le virtù oscurate.

Maestro: *"Siate vigili, voi vedette del Padre mio e dispensatori del Suo Amore, vi do la mia Pace e vi mando in Pace dai fratelli. Così sia".*

Marco: Resti in noi. Cosi sia.

Maestro: *"Amen".*

Marco: Amen.

Avevano tutti risposto di si per incontrarci la vigilia di Natale per unire le nostre anime in preparazione al Natale e puntualmente ci incontrammo in un posto che avevo scelto.

Ai piedi di una montagna c'era un piccolo bosco e li tra gli alberi una piccola radura verdeggiante dove scorreva un ruscello. Mi sembrò un buon posto per raccoglierci e innalzare i cuori aprendo le nostre anime all'Amore e alla Luce.

Era la prima volta che avevo riunito i fratelli che in così poco tempo si erano uniti a noi. Eravamo in sei fratelli con Cristian, io, Marianna, Diego, Maria e Cinzia.

Seduti in cerchio sull'erba fresca così cominciai a dire:

LA PACE DEL SIGNORE PADRE NOSTRO SIA CON NOI

La Pace del Padre sia con noi fratelli,
possa il Suo Amore riempire i nostri cuori,
la Sua Luce illuminare il nostro cammino
e la Sua Vita scorrere in noi.

Siamo qui uniti dal legame di Luce Divina nella Comunione di anime per ricordare e fare rivivere in noi l'Essenza del Natale: la nascita del Figlio di Dio, che non è un avvenimento esterno a noi, ma che avviene in noi, nel nostro cuore.

Egli nasce in noi se noi diventiamo Betlem, la casa del pane, e il nostro cuore diventa la stalla, e il bue e l'asinello sono la nostra Fede e Devozione.

Solo allora il Gesù bambino nasce, lo ospitiamo nel nostro cuore e lo nutriamo col nostro Amore, con i nostri pensieri, parole e azione, oppure lo ammazziamo appena nato con gli stessi sentimenti con cui possiamo farlo crescere.

Ma noi vogliamo che cresca e noi con lui cresciamo con l'Amore dell'Eterno Padre e crescendo diventa il Cristo vivente in noi e con noi. Questo è il Natale che noi vogliamo e a cui aspiriamo: la nascita di Cristo in noi ed Egli è ansioso di nascere in ogni figlio di Dio perchè solo con Lui arriveremo alla Divina Fonte Paterna che ci originò e nelle Sue parole di 2000 anni fa Egli ci indica quella via:

IO SONO LA VIA
IO SONO LA VERITA'
IO SONO LA VITA

Accogliamolo con Amore e gratitudine nel nostro cuore, riscaldiamolo col nostro Amore, facciamolo crescere col servizio al fratello e all'umanità, viva in noi e noi in Lui e insieme nel Padre, e ci invita a bere alla Sacra e Divina Fonte di Amore, di Luce e di Pace che solo il Padre può concedere attraverso il Cristo e perciò fratelli, in ginocchio leviamo le braccia al Signore Dio nostro e si alzi il grido:

Osanna, Osanna, Osanna al Signore Dio nostro,
Gloria al Padre, al Figlio e allo Spirito Santo,

scenda o Padre su di noi e su tutta l'Umanità la Tua Santa, Paterna e Divina Benedizione, donaci la Tua Pace, donaci il Tuo Amore, nasca Cristo nel nostro cuore.
Così Sia.

Per un minuto quasi restammo in silenzio in raccoglimento, quando la voce di Marianna ruppe quello stato quasi meditativo per dire:

Maestro: *"La pace del Padre Mio sia con voi, aprite i vostri cuori poichè il dono del Padre è grande in voi"*.

Marco: Pace Maestro e che la Sua Pace abiti in noi.

Cinzia: Pace Maestro.

Cristian: Che l'amore di Dio e l'amore fraterno di Cristo regni sempre con noi e su tutti noi e su coloro che hanno bisogno di vedere oltre il velo scuro.

Maestro: *"Il miracolo che si compì 2000 anni or sono fate che si compia ogni giorno nel vostro cuore, esso è il miracolo dell'Amore vivo incarnato in voi"*.

Cristian: Perchè noi e tutti possano seguire la fonte che nutre con Luce e Amore da sempre. Con Amore diamo Amore con Luce diamo Luce a noi e a tutti i fratelli.

Marco: Maestro la famiglia cresce come vedi.

Maestro: *"La Luce seguite e la Luce troverete, si e sempre di più crescerà poichè il Padre ha mandato me e Io ora mando voi"*.

Cristian: Siamo piccoli anelli che rafforzeranno una grande catena, la catena d'oro d'Amore e di Luce.

Marco: Da Diego venne un ringraziamento a Te, per il tuo aiuto.

Maestro: *"Con lui Io sono, e tutto andrà a posto".*

Cinzia: Maestro purtroppo non ho parole per il momento, ma spero che sentirai l'Amor mio.

Maestro: *"Doni grandi elargirai figlio del Padre (Diego). Cinzia figlia e sorella, non solo di parole necessita l'uomo ma di azioni, e il Padre benedice ciò che tu fai e farai non temere".*

Cinzia: Lacrime di gioia scorrono adesso, ti ringrazio di essermi stato accanto adesso nel momento difficile.

Marco: Ai ragazzi Maestro hai da dire qualcosa?

Maestro: *"Diego, come ti ho detto, grandi doni elargirai. Fidati di ciò che senti e resta nell'Amore, e nella Luce, tu hai cercato e hai trovato.*

Maria, la tue mani anche dispenseranno doni per l'Anima poichè chi vedrà i tuoi disegni riconoscerà in essi l'amore del Padre mio.

Cristian, i tuoi doni provengono dalla Luce mettili a disposizione dei fratelli che verranno da te cercatori di aiuto e d'Amore, tu sai ciò che devi fare".

Cristian: Si.

Maestro: *"Voi siete liberi nel decidere e nella libertà siete venuti da Me, nella libertà Io vi mando agli uomini. Marco, fratello".*

Marco: Si Maestro.

Maestro: *"Quante cose stai facendo per il Padre per l'Amore".*

Marco: Poco rispetto a quanto Lui mi da.

Maestro: *"Sia la tua strada d'esempio a chi a te verrà poichè molti giungeranno ancora".*

Marco: Li accoglieremo con Amore.

Maestro: " *Cinzia, la mano del Padre Mio è su di te non temere, nulla più ti toccherà sii serena nella Luce che ti avvolge*".

Cinzia: Si Maestro sono legata a voi e nulla mette più paura.

Maestro: *"Si squarci il cielo! Scenda su di voi la Luce, la Potenza del Padre mio, il Suo Amore vi accompagna e vi accompagnerà, possano le colombe posarsi sul vostro capo ora!"*

Marco: Gloria al vero Dio e al Figlio e allo Spirito Santo.

Maestro: *"Con voi Io sono, vi do la mia Pace, andate in Pace. Così sia".*

Marco: Così sia.
Cinzia: Così sia.
Cristian: Cosi sia.
Diego: Così sia.
Maria: Così sia
Maestro: *"Amen".*
Cinzia: Amen.
Marco: Amen.
Cristian: Amen.

Restammo in silenzio assaporando e godendo di quello stato di Pace e serenità che il Maestro ci aveva donato. Ognuno di noi rispondeva a quella Energia di Amore a seconda della sua Anima, ma tutti eravamo coscienti che una fase nuova si era aperta per ognuno di noi, un giro nel movimento ascensionale della spirale penetrando in uno stato di Coscienza Superiore.

Possa tu, o fratello, che con noi hai fatto questo piccolo viaggio sulla Via della Luce, penetrare in quello stato di coscienza ogni volta che leggerai queste povere parole, con la Consapevolezza di essere un figlio di Dio in viaggio sulla Terra, ma che ritornerai in quel regno da cui sei partito e che di diritto è tuo in quanto figlio dell'Unico Re nostro Padre.

Ti abbraccio col mio Amore e ti accompagni in ogni momento della tua vita l'Amore e la Pace del Padre nostro.

Offerta al Padre

Padre Santo, fonte di vita Luce e Amore,
umilmente davanti a TE depongo e ti dono ciò che mi hai dato:
il cuore perché Tu ne faccia la Tua casa,
gli occhi perché vedano Te in ogni cosa
e la sofferenza del fratello,
le mani perché lavorino per Te e siano mani
tese per aiutare i fratelli,
la mente ed i pensieri affinché siano i tuoi,
e comprenda i pensieri dei fratelli,
l'udito perché senta la Tua Voce e il grido di aiuto del fratello,
la bocca perché pronunci le Tue parole,
e parole di conforto per chi soffre.
A Te tendo le braccia come un bimbo al Padre
affinché lo stringa al suo petto
infondendogli il Suo Amore, Protezione e Guida.
Fluisca liberamente dalla Tua fonte
la Divina Energia di Amore, Luce e Vita
così che l'Anima mia si abbeveri
affinché io diventi uno strumento del Divino lavoro
e un servitore della Umanità nel Tuo Santo Nome
e per la Tua Gloria.
Si unisca il mio canto a quello degli Angeli
Che nell'Universo cantano la Tua Gloria.
Amen

www.ingramcontent.com/pod-product-compliance
Lightning Source LLC
Chambersburg PA
CBHW071703090426
42738CB00009B/1649